Busse / Hirschmann

Das Backbuch für Diabetiker

Schon lange sind die Autorinnen ein eingespieltes »Backteam«: So war den beiden bereits während ihrer diätetischen Berufsausbildung an renommierten Berliner Kliniken klar, dass Backen Spaß macht und auch mit Diabetes kein Problem ist. Neben der Liebe zum Backen verbindet die beiden heute über 20 Jahre Erfahrung in den Bereichen Ernährungstherapie, Training, Coaching und Beratung. **Claudia Busse** hat sich in den Bereichen Diabetes und Gesundheitsmanagement weiter ausgebildet, **Katja Hirschmann** studierte Ökotrophologie. Für dieses Buch haben die Ernährungsexpertinnen wieder gemeinsam geknetet, gerührt und natürlich auch genascht.

Claudia Busse · Katja Hirschmann

Das Backbuch für Diabetiker

70 gesunde Rezepte von süß bis pikant

TRIAS

Limetten-Mandel-Tarte (Seite 74)

Das Rezept zum Coverfoto finden Sie auf Seite 69.

Himbeer-Grießkuchen (Seite 75)

Liebe Backfans,

ob fürs Picknick, zum Geburtstag, zu Ostern oder zu Weihnachten – Selbstgebackenes ist immer etwas ganz Besonderes. Jedoch enthalten gerade Backwaren häufig viele Kohlenhydrate und große Mengen von Fett auf kleinem Volumen. Das schadet zum einen der schlanken Linie und zum anderen der stabilen Blutzuckereinstellung für Diabetiker.

Was ist schöner als Genuss ohne Reue? Das ist die Grundidee unseres kleinen Backbüchleins; denn als Ernährungsexperten werden wir häufig nach Rezeptideen gefragt, die vollen Geschmack und diätetisches Know-how verbinden.

Auch wenn dieses Buch speziell für Diabetiker entwickelt wurde, haben wir darauf geachtet, verführerisches Gebäck zu kreieren, das allen schmeckt. Unser Buch eignet sich sowohl für Diabetiker, die ihren Kuchen unkompliziert zubereiten wollen, als auch für Low-Fat-Bäcker, für Kreative, für Anfänger und Könner. Jedes Rezept enthält genaue Angaben zu Kalorien, Fett, Eiweiß und Kohlenhydraten sowie Broteinheiten (BE). Im Kapitel »Süße Basics« finden Sie außerdem hilfreiche Tipps für gelungenen Backgenuss.

Wir wünschen Ihnen viel Spaß beim Lesen, Nachbacken und »Genuss ohne Reue«. Lassen Sie es sich schmecken!

Ihre
Claudia Busse und Katja Hirschmann

Hefezopf (Seite 44)

Süße Basics

Es gibt viele Tricks, damit das Backen von Kuchen, Keksen und Co. gelingt, und zwar nicht nur kalorienarm, sondern auch genussvoll.

Die Welt der Süßungsmittel

Die Ernährungsempfehlungen für Diabetiker haben sich in den letzten Jahren deutlich geändert. Zucker ist längst nicht mehr tabu, allerdings soll er maximal 10 % der Tagesenergie liefern.

Mit Süßstoffen, Zuckeraustauschstoffen und weiteren Süßungsmitteln stehen unterschiedliche Alternativen zum Haushaltszucker zur Wahl. Allerdings ist das nicht jedermanns Sache und manch einer verträgt sie nicht. Wir haben in diesem Backbuch daher mit reduzierten Zuckermengen gearbeitet. Selbstverständlich steht es Ihnen frei, diese durch Ihre Lieblingssüße entsprechend auszutauschen.

»Ja« zu Zucker, aber ...

Beim Backen für Diabetiker muss nicht auf Zucker (Saccharose) verzichtet werden – zumal Zucker auch als Volumengeber dient. Es gilt aber, diesen auf ein notwendiges Minimum zu reduzieren. Normalerweise ist die Zuckerangabe in (Back-)Rezepten sehr hoch. Die Menge könnte häufig um die Hälfte, meist aber mindestens um ein Drittel verringert werden. Das Gebäck schmeckt dann immer noch süß genug, aber Kalorien und »schnelle BE« werden gespart.

Welche Zuckerarten gibt es?

Raffinadezucker

Dieser wird gereinigt, bis er schneeweiß ist. Er eignet sich für alle Arten von

Gebäck. In Mitteleuropa wird er überwiegend aus der Zuckerrübe gewonnen.

Rohrzucker

Rohrzucker ist Haushaltszucker (Saccharose), der aus Zuckerrohr gewonnen wird. Der Zucker wird ebenfalls so lange raffiniert, bis der Zucker komplett weiß ist.

Rohrohrzucker

Dieser Zucker aus Zuckerrohr wird nur ein einziges Mal raffiniert. Dadurch bleibt ein Teil der Melasse erhalten. Die bräunliche Färbung bleibt daher sichtbar, nimmt aber leicht ab.

Vollrohrzucker

Für Vollrohrzucker wird gepresster Zuckerrohrsaft lediglich erhitzt, getrocknet und anschließend gemahlen. Er hat eine unregelmäßige Körnung und eine dunkle Farbe. Sein Geschmack erinnert an Karamell.

Puderzucker

Puderzucker nutzt man häufig zum Bestäuben von Gebäck. Er wird durch das Mahlen von raffinierten weißen Zuckerkristallen gewonnen. Während Haushaltszucker universell einsetzbar ist, eignet sich feiner Puderzucker besonders für die Herstellung von Baiser oder feinem Gebäck in der Pâtisserie. Er ist auch immer dann gefragt, wenn sich das süße Kristall schnell auflösen soll, etwa für Marzipan oder Zuckerglasuren.

Süße Alternativen

Nicht nur Zucker ist süß. Mittlerweile können Sie unter vielen verschiedenen alternativen Süßungsmitteln wählen und in Zukunft werden es voraussichtlich noch mehr werden. So gibt es z. B. Bemühungen, den kalorienfreien Zucker Allulose aus Rübenzucker auf den Markt zu bringen. Auch die Grenzen zwischen natürlich gewonnenen und künstlich hergestellten Produkten sind fließend.

Ahornsirup

Charakteristisch ist sein leicht nussiger und süßer Geschmack. Die Süßkraft ist geringer als die des Zuckers, jedoch ist die Blutzuckerwirksamkeit in etwa gleich. Somit stellt Ahornsirup geschmacklich durchaus eine interessante Alternative dar, bietet aber für den Diabetiker keine nennenswerten Vorteile. Da Ahornsirup leicht karamellisiert, muss die Ofentemperatur jeweils um 20 Grad reduziert werden.

Honig

Honig ist vor allem in der Vollwertbäckerei sehr beliebt. Zum Backen eignen sich besonders der milde Akazienhonig, Bergblütenhonig oder der kräftige Waldhonig. Durch ihren Einsatz lassen sich keine »schnellen BE« sparen – Kalorien und Kohlenhydratgehalt entsprechen dem des Zuckers. Da Honig schneller als Zucker bräunt, sollte man das Backwerk kurz vor Ende der Backzeit mit Pergament abdecken – so wird der Kuchen nicht zu dunkel.

Kokosblütenzucker

Die natürliche Zuckeralternative wird aus dem Blütennektar der Kokospalme gewonnen und hat eine leichte Karamellnote. Kokosblütenzucker ist vor allem wegen seines geringen glykämischen Wertes bekannt geworden, d.h., er lässt den Blutzucker nur schwach ansteigen. Er lässt sich wie normaler Zucker verwenden und ist prima zum Backen geeignet. Minuspunkte gibt es für den Preis, denn Kokosblütenzucker kostet ca. 2 Euro pro 100 g.

Stevia

Die Blätter der in Südamerika beheimateten Pflanze enthalten verschiedene süß schmeckende Verbindungen. Stevia

enthält kaum Kalorien, hat keine Auswirkungen auf den Blutzucker und kann somit auch für Diabetiker eine sehr gute Alternative sein.

Stevia ist außerdem hitze- und backbeständig. Beim Backen mit Stevia muss man allerdings einiges beachten. Es gibt Stevia in verschiedenen Formen: als Pulver, Tabletten oder als Flüssigkeit, deren Süßkraft sich jeweils erheblich unterscheiden kann. Viele Steviaprodukte beinhalten z. B. zusätzliche Trägerstoffe wie Maisdextrin, um das fehlende Volumen auszugleichen. Dadurch variiert die Dosierung von Produkt zu Produkt. Es sind also unbedingt die Hinweise des jeweiligen Herstellers zu beachten.

Süßstoffe

Nach wie vor sind Süßstoffe für Diabetiker ein großes Thema. Denn sie haben keinen Einfluss auf den Blutzuckerspiegel, sind fast kalorienfrei und wirken im Gegensatz zu Zuckeraustauschstoffen nicht abführend. Zurzeit sind in der EU 11 Süßstoffe als Lebensmittel zugelassen. Die bekanntesten sind: Aspartam, Cyclamat, Saccharin und Sucralose.

Da Süßstoffe wesentlich stärker süßen als Zucker, liegt die benötigte Menge an Flüssigsüße aber weit unter der im Rezept angegebenen Zuckermenge. Dem Süßstoff fehlt zudem die Bindewirkung. Das kann zum Beispiel bei einem Rühr- oder Biskuitteig problematisch sein.

Süßstoffe und ihre Dosierung

Darreichungsform	Dosierung
Süßstoff, Tabletten	1 Tbl. = ca. 1 TL Zucker bzw. 1 Stk. Würfelzucker
Süßstoff, flüssig	8 Tr. = 1 TL Zucker 25 Tropfen = 1 EL Zucker 7,5 ml = 100 g Zucker
Streusüße (Pulver)	10 g Streusüße = 100 g Zucker
Streusüße (Kristallin)	1 g Streusüße = 1 g Zucker

Zuckeraustauschstoffe

Zu den Zuckeraustauschstoffen (Zuckeralkoholen) gehören u. a. Sorbit, Isomalt und Mannit. Heutzutage spielen sie in der Diabeteskost eher eine untergeordnete Rolle. Sie bringen zwar weniger Kalorien als Zucker auf »die Waage«, süßen aber auch weniger und können bei übermäßigem Verzehr abführend wirken. Eine Ausnahme bilden die relativ neuen Alternativen Xylit und Erythrit.

Xylit

Xylit/Birkenzucker auch als »Xucker®« bekannt, sieht aus wie klassischer Zucker. Mit lediglich 240 Kalorien je 100 Gramm enthält er fast 40 % weniger Energie als normaler Zucker. Aber die Süßkraft liegt ähnlich hoch wie bei normalem Haushaltszucker, wodurch man in etwa die gleichen Mengen nutzen kann. Er eignet sich z. B. für den Nusskuchen (Seite 33), den Orangenkuchen (Seite 59) und die Heidelbeer-Muffins (Seite 83).

Vorsicht: Birkenzucker verträgt sich nicht mit Hefe und kann bei übermäßigem Verzehr abführend wirken.

Erythrit

Erythrit auch als Xucker® light oder unter Sukrin® bekannt, enthält gerade einmal 20 kcal auf 100 g. Außerdem hat das Süßungsmittel keinen Einfluss auf den Blutzucker- und Insulinspiegel. Bei der Verwendung beim Backen müssen Sie aber einiges beachten. So hat Erythrit nur 70% der Süßkraft von Zucker, was man aber durch den Einsatz etwas größerer Mengen ausgleichen kann. 100 g Zucker in einem Backrezept werden durch 130 g Erythrit ersetzt. Um Unverträglichkeiten zu vermeiden, sollte die verwendete Menge allerdings nicht mehr als 20% aller Backzutaten ausmachen. Probieren Sie doch z.B. einmal den Käsekuchen (Seite 37) oder den Himbeer-Grießkuchen (Seite 75) mit Erythrit aus.

Erythrit kristallisiert nach dem Erkalten ein wenig. Wer diesen Effekt vermeiden möchte, verwendet die Puderzucker-Variante aus Erythrit. Hier sind die Erythrit-Kristalle fein zermahlen und daher auch nach dem Abkühlen nicht mehr im Kuchen zu spüren. Da es auch hier von Hersteller zu Hersteller Unterschiede gibt, sollten Sie immer die Anwendungshinweise auf der jeweiligen Verpackung beachten!

Tipp Wer mit Birkenzucker (Xylit) oder Erythrit statt Haushaltszucker backen möchte, sollte die Veränderungen in den Nährwert- und BE-Angaben beachten.

Vergleich von Zucker und Xylit bzw. Erythrit

	Haushaltszucker	Birkenzucker	Erythrit
kcal pro 100 g	400	240	20
Süßkraft		wie Zucker	75 % von Zucker
Austausch		1:1	1:1,2
1 BE	12 g	20 g	0 g

Umgang mit Fett

Backen ganz ohne Fett funktioniert leider nicht. Damit Sie ohne Reue genießen können, lohnt es sich jedoch, zu pflanzlichen Schlagcremes und anderen fettarmen Zutaten zu greifen.

Als Geschmacksträger ist Fett in Backwaren unerlässlich. Fett ist in vielen Fällen auch aus Volumengründen und für die Teigbeschaffenheit notwendig. Der Verzehr von Kuchen & Co lässt sich aufgrund des hohen Fettgehaltes jedoch selten mit den Empfehlungen für eine gesunde Ernährung vereinbaren.

Eine Kalorienbombe

Fett ist sehr kalorienreich und sollte daher nur in Maßen verzehrt werden. Jedes Gramm Fett in unserer Nahrung liefert 9 Kalorien und damit mehr als doppelt so viel wie die anderen Hauptnährstoffe Kohlenhydrate und Eiweiß mit jeweils 4 Kalorien pro Gramm. Höchstens 30 % (ca. 60–80 g) des täglichen Energiebedarfs sollten aus Fett geliefert werden. In der Realität sind es häufig ca. 45 % (ca. 100 g) – das Zuviel an Kalorien macht sich schnell auf der Waage bemerkbar.

Abnehmen lohnt sich

Die Ernährung bei Diabetikern verfolgt das Ziel, die Blutzucker-, Blutdruck- und Blutfettwerte zu verbessern, um Langzeitschäden zu verhindern. Patienten mit Übergewicht sollen zudem abnehmen, um den Stoffwechsel zu verbessern und gleichzeitig das Risiko für Herz- und Gefäßerkrankungen zu verringern. Der

Abbau von Übergewicht ist also ein wichtiger Bestandteil der Therapie. Eine fettarme Ernährung unterstützt das Schwinden überzähliger Kilos, deshalb haben wir in unseren Rezepten an vielen Stellen (Fett-)Kalorien eingespart.

Mit einer Radikaldiät in kürzester Zeit abzunehmen ist jedoch nicht empfehlenswert. Zwar purzeln die Kilos anfänglich schnell, jedoch sind die Erfolge nur von kurzer Dauer. Vielmehr sollte darauf geachtet werden, weniger fett- und kalorienreich zu essen und sich gleichzeitig mehr zu bewegen. Denn: Wer mehr Kalorien verbrennt, als er zu sich nimmt, verliert langfristig Gewicht.

Vorsicht: versteckte Fette

In Kuchen und Co sind die Hauptfettlieferanten Butter und Sahne, aber auch das versteckte Fett aus Marzipan, Kokosraspeln, Mandeln, Nüssen, Eiern oder Kuvertüre lassen den Fettgehalt eines harmlos aussehenden Kuchens in die Höhe schnellen. Mit ein paar Tricks und Tipps lassen sich in vielen Backrezepten Fettkalorien sparen.

Butter und Margarine

In den meisten Teigarten werden üblicherweise größere Mengen Fett in Form von Butter, Margarine oder Öl verbacken. Die Kalorienzufuhr durch diese Fette ist immens. Es ist ein weit verbreiteter Irrglaube, durch die Verwendung von Margarine statt Butter Fett einsparen zu können. Die Verwendung von Joghurt- oder Halbfettbutter sowie Halbfettmargarine bringt etwas: mit etwa 40% Fett enthalten diese Produkte weniger als die Hälfte des Fettes der Standardprodukte und lassen sich dennoch bestens zum Backen verwenden. Pflanzliche Öle und Margarinen sind cholesterinfrei und liefern gesunde Fettsäuren. Butter ist allerdings ein exzellenter Geschmacksgeber und unterstreicht die Aromen anderer Zutaten.

Alternativen zur Sahne

Der Dickmacher Schlagsahne enthält 30 g Fett pro 100 g und sollte daher nur sparsam verwendet werden. Crème fraîche und Crème double stehen mit 30% bzw. 40% der Sahne in nichts nach. Diese »Fettbomben« lassen sich gut durch fettarme Milchprodukte wie Joghurt, Dickmilch, Quark oder Buttermilch ersetzen. Als Alternative sind ebenfalls pflanzliche Schlagcremes (z. B. Rama Cremefine zum Schlagen, Schlagfix von Leha) zu empfehlen, die im Vergleich zu Sahne cholesterinfrei sind, weniger Fett enthalten (15–19% Fett, je nach Sorte) und aufgrund der bis zu 400%igen Volumenvergrößerung beim Schlagen auch sparsamer eingesetzt werden können. Crème légère oder balance haben mit ca. 15% Fett nur halb so viele Kalorien wie die ursprünglichen Produkte.

Eier und Ei-Ersatz

Hühnereier übernehmen beim Kuchenbacken wichtige Aufgaben. Gemeinsam mit dem Mehl festigen sie die Krume des Gebäcks. Das Eigelb ist sowohl wasser- als auch fettlöslich. Das hilft, alle Zutaten zu einem glatten Teig zu verbinden.

Der Dotter enthält in seinem Fettanteil allerdings sehr große Mengen an Cholesterin. Überhaupt ist der Fettanteil des Dotters sehr hoch, wodurch sein Energiegehalt bei ca. 380 kcal pro 100 Gramm liegt. Daher sollte beim fettarmen Backen darauf geachtet werden, den Eigelbanteil möglichst gering zu halten.

Dem Eiklar fehlt Fett fast vollständig, wodurch wiederum auch kein Cholesterin enthalten und auch der Energiegehalt deutlich geringer ist. Beim Backen sorgt geschlagenes Eiweiß für einen lockeren Teig. Aufgrund der unterschiedlichen Zusammensetzung von Dotter und Eiklar wird auch verständlich, weshalb in der Küche die Eier oft getrennt verarbeitet werden.

Wer vegan backen möchte, benötigt in den meisten Fällen einen Ei-Ersatz, um den Teig zu binden. Neben Ei-Ersatz-Pulver eignen sich z. B. Sojamehl, Apfelmus, Avocado oder Seidentofu.

BE, KE, KHE: Was heißt das?

Die Angabe »BE« (Broteinheit) oder »KE« (Kohlenhydrateinheit, auch »KHE«) verrät, wie viele Kohlenhydrate ein Lebensmittel enthält. Für Diabetiker, die ihre Insulindosis selbstständig ermitteln, erleichtert der Wert die Berechnung der nötigen Insulinmenge.

Dass dafür verschiedene Einheiten (BE/KE) verwendet werden, hat historische Gründe. In den neuen und alten Bundesländern wurde buchstäblich ein »unterschiedliches Maß« angelegt.

1 BE = 12 g verdauliche Kohlenhydrate

1 KE (oder KHE) = 10 g verdauliche Kohlenhydrate

In beiden Fällen handelt es sich nur um Schätzwerte, zumal der Kohlenhydratgehalt von Lebensmitteln schwanken kann. Entscheidend ist, dass die Werte kontrolliert werden und die Insulindosis entsprechend angepasst wird. Der Einfachheit halber sind in den Rezepten nur BE angegeben.

Mehl ist nicht gleich Mehl

Der Garant für gelingendes Backen ist das richtige Mehl. Denn sowohl geschmacklich als auch in der Bindewirkung gibt es große Unterschiede zwischen den verschiedenen Mehlsorten.

Mehlsorten Je nach Ausmahlungsgrad des Korns unterscheidet man zwischen Vollkorn- und Typen-Mehlen. Die Mehltype gibt den Mineralstoffgehalt eines Mehles in mg pro 100 g Mehl-Trockensubstanz an. Je höher der Ausmahlungsgrad, desto höher ist der Mineralstoffgehalt und damit die Mehltype. Günstig für die gesunde Ernährung sind dunkle, ballaststoffreiche Mehle mit einer hohen Mehltype.

Weizenmehl

- Type 405: Dies ist das hellste und feinste Weizenmehl. Es hat ein sehr gutes Bindevermögen und führt zu elastischen Teigen, die gut aufgehen. Ideal für Plätzchen und Kuchen, besonders für zarten Biskuit- und Hefeteig.
- Type 550: Etwas kräftiger aber immer noch hell. Ideal für Brot, Pizza und Kleingebäck. Das Mehl geht gut auf und bildet eine feinporige Krume.
- Typen 812, 1050 und 1600: Diese Mehltypen sind deutlich dunkler und haben einen höheren Schalenanteil. Sie sind vor allem für Brot und herzhafte Teige geeignet.

Roggenmehl

- Type 815: Roggenmehltyp 815 ist das hellste Roggenmehl, es wird zum Backen von herzhaften Backwaren wie Brot und Brötchen verwendet.
- Typen 997 und 1150: Diese Mehltypen sind deutlich dunkler, sie werden vor allem für die Brotherstellung verwendet.

- Typen 1370 und 1740: sehr dunkles Roggenmehl, ideal für Sauerteigbrote und Mischbrote.

Dinkelmehl

- Type 630: niedrigster Ausmahlungsgrad und somit ein helles Mehl, das sich für Kuchen, Brot, Brötchen und anderes Kleingebäck eignet.
- Typen 812 und 1050: dunkleres, herzhafteres Dinkelmehl, ideal zum Brotbacken.

Vollkornmehl Vollkornmehl kommt ohne Typenbezeichnung aus. Denn hier werden grundsätzlich alle Bestandteile des gut gereinigten Korns, also Mehlkern, Keimling und die Schale verwertet. Es sind also sämtliche gesunde Bestandteile des Getreides enthalten. Es hält zudem länger satt, regt die Verdauung an und wirkt sich günstig auf den Blutzuckerspiegel aus.

In den folgenden Rezepten (Seite 31) soll der Genuss im Vordergrund stehen, deshalb haben wir uns für das jeweils am besten geeignete Mehl entschieden. Natürlich können Sie aber auch andere Mehle ausprobieren oder Sie mischen einen Anteil Vollkornmehl – je nach Geschmack – dazu.

Hinweis: Wenn Sie mit Vollkornmehl backen, sollten Sie etwas mehr Flüssigkeit zugeben.

Kalorienbewusstes Backen

Kuchen und Abnehmen lassen sich eigentlich schwer unter einen Hut bringen, stehen doch die süßen Leckereien in Kontrast zum Kaloriensparen. Ein generelles Verbot gibt es aber nicht, denn das steigert nur das Verlangen nach Kuchen & Co. Diese sollten in Maßen, dann aber mit gutem Gewissen genossen werden.

Für den Genuss ohne Reue haben wir auch die Rezepte (Seite 31) in diesem Buch entwickelt. Mit folgenden Tipps und Kniffen könne Sie ab jetzt beim Backen zusätzlich Kalorien einsparen.

Der Teig

Schon die Teigauswahl entscheidet, ob ein Kuchen mehr oder weniger Fett enthält. Wenig Fett steckt in Biskuit-, Hefe- und Quark-Öl-Teig. Die meist fettreicheren Rühr- und Mürbeteige gelingen genauso gut, wenn sie mit Halbfettmargarine bzw. -butter oder weniger Öl zubereitet werden. Quark kann gut einen Teil der Margarine oder Butter im Teig ersetzen. Bei vielen klassischen Teigrezepten können problemlos Zuckermenge und 1–2 Eier reduziert werden, ohne dass Geschmack und Konsistenz des Kuchens leiden.

Die Füllung

Den Fettgehalt und somit die Gesamtkalorienzufuhr können Sie relativ einfach reduzieren, indem Sie einen Teil der gehaltvollen Sahne z. B. durch Magerquark oder fettreduzierten Frischkäse ersetzen.

Vollfettprodukte können Sie in jedem Kuchen gegen fettarme Milch, fettarmen Joghurt oder Magerquark austauschen. Sie werden kaum einen geschmacklichen Unterschied gegenüber den fettreichen Alternativen merken. Viele Sahnecremes können Sie durch die Verwendung von fettarmem Joghurt kalorienärmer machen. Für die lockere, luftige Konsistenz sorgt dann steif geschlagenes Eiweiß, das Sie vorsichtig unter die Creme heben.

Kondensmilch mit 4 oder 7,5 % Fett kann anstelle von Sahne verwendet werden, wenn das Steifschlagen nicht erforderlich ist, z. B. bei einem Guss für Obstkuchen. Mit pürierten Früchten können Sie ebenfalls kalorienbewusst tolle Füllungen kreieren oder Torten verzieren.

Backformen und Teigmatten

Nicht nur der Kuchen selbst, auch das Zubehör, mit dem Sie arbeiten, hat Einfluss auf den Kaloriengehalt Ihrer leckeren

Backkunstwerke. So kann eine Antihaftbeschichtung das Einfetten so gut wie überflüssig machen.

Backformen aus Schwarzblech haben im Gegensatz zu Weißblechformen den Vorteil, dass sie die Wärme schnell aufnehmen und gut an den Teig weiterleiten, zudem verfügen sie über eine Antihaftbeschichtung. Eine Alternative zu herkömmlichen Backformen stellen flexible Formen aus Silikon dar; diese müssen überhaupt nicht eingefettet werden. Der Kuchen backt dennoch nicht an und lässt sich leicht aus der Form lösen. Ebenso geeignet sind wiederverwendbare Dauerbackfolie oder Backmatten aus Silikon. Gerade für Plätzchen in der Weihnachtsbäckerei sind die Backmatten perfekt geeignet: Ihr Gebäck löst sich von der Matte, ohne dabei kaputtzugehen.

Backpapier

Durch das Verwenden von Backpapier können Sie ebenso »Fettkalorien« sparen. Und zwar nicht nur bei Blechkuchen, sondern auch bei Kuchen aus der Springform. Legen Sie dann einfach das Backpapier auf den Boden, umschließen Sie die Form mit dem Rand und schneiden Sie das überstehende Papier ab.

Sparsam einfetten

Muss eine Form eingefettet werden, z. B. eine Napfkuchen- oder Kastenform, so sollte das Fett (flüssige Butter oder Margarine) sparsam, am besten mit einem Backpinsel, verteilt werden. Beim Muffinblech können Sie sich das Einfetten sparen, wenn Sie die Mulden mit Papierförmchen auslegen. Eine weitere hervorragende Alternative ist die Verwendung von Backtrennspray. Das Sprühen ist dank des geringen Verbrauchs sehr effektiv. Trennspray ist für alle Backformen aus Metall, Silikon, Blech oder Aluminium geeignet.

Know-how rund ums Backen

Anders als beim Kochen kommt es beim Backen auf die genaue Befolgung von Rezepturen an. Sowohl bei der Zubereitung als auch bei der Lagerung müssen Sie je nach Teigtyp unterschiedlich vorgehen.

Damit das Backwerk gelingt, sind nicht nur hochwertige Zutaten und entsprechende Backutensilien wichtig, auch das »Know-how« rund um die richtigen Mengen, die gewählte Temperatur bis hin zum Verzieren und Aufbewahren spielt eine entscheidende Rolle für den perfekten Genuss. Nichtsdestotrotz haben Sie viele Möglichkeiten, sich beim Backen kreativ auszutoben.

Die Temperatur der Zutaten

Milch, Eier und Butter sollten früh aus dem Kühlschrank genommen und zimmerwarm verarbeitet werden. Die Ausnahme: Für Mürbeteig sollten Sie kalte Butter verwenden, den Teig rasch verkneten und erneut kühl stellen. Eiweiß für Baiser wird am besten kühlschrankkalt aufgeschlagen.

Teig ausrollen

Ideal als Unterlage für das Ausrollen von Teigen sind Silikon-Backmatten. Die Fläche und die Teigrolle mit etwas Mehl bestreuen. Je weniger Mehl beim Ausrollen untergearbeitet wird, desto feiner wird das Backwerk.

Die richtige Hitze

Das klassische Backen mit Ober-/Unterhitze eignet sich vor allem zum Backen von Biskuit, Hefekuchen und Baiser. Hier kann der Teig in ruhiger Backatmosphäre gleichmäßig aufgehen. Auf welcher Schiene im Backofen gebacken wird, ist beim Backen mit Ober-/Unterhitze wichtig. Beim Backen mit Umluft kann auf mehreren Ebenen gleichzeitig gebacken werden. Außerdem verringert sich hierbei neben der Temperatur auch die Backzeit. Das spart Zeit und Energie. Soweit nicht anders im Rezept angegeben, werden alle Kuchen in diesem Buch auf der mittleren Schiene im Ofen gebacken.

Den Ofen vorzuheizen, sorgt zuverlässig für das Gelingen von Backwerk in jedem Ofen. Je mehr Erfahrung man beim Backen hat, desto eher kann man auch darauf verzichten. Dadurch lassen sich Energiekosten senken. Bei empfindlichen Teigen (wie zum Beispiel Biskuitteig) sollte der Ofen für ein optimales Ergebnis aber unbedingt vorgeheizt werden. Auch knuspriges Gebäck wird nur im vorgeheizten Ofen perfekt.

Achtung: Jeder Ofen heizt anders, daher sollte die angegebene Backzeit nur als Richtwert dienen. Testen Sie, bevor Sie den Kuchen herausnehmen, auf jeden Fall, ob er wirklich fertig ist.

Die richtige Temperatur finden

Backen ohne Umluft	Mit Umluft	Mit Gas
100 Grad	80–90 Grad	Stufe ½
150 Grad	140 Grad	Stufe 1
180 Grad	160 Grad	Stufe 2
200 Grad	180 Grad	Stufe 3
225 Grad	200 Grad	Stufe 4
250 Grad	220 Grad	Stufe 5

Garprobe

Mithilfe eines Holzstäbchens lässt sich prüfen, ob ein Kuchen fertig gebacken ist. Dafür das Stäbchen in die dickste Stelle des Kuchens stechen. Wenn keine Krümel daran haften bleiben, ist der Kuchen gar. Mürbe- und diverse Plätzchenteige trocknen nach dem Backen nach, daher sollten Sie diese in noch relativ weichem Zustand aus dem Ofen nehmen.

Aufbewahren

Plätzchen und Kuchen müssen vor dem Verpacken komplett ausgekühlt sein. Auch der Guss sollte vollständig getrocknet sein. Am besten bewahren Sie verschiedene Gebäcksorten getrennt auf. Kekse kann man in einer Blechdose, lagenweise von Butterbrotpapier getrennt, einschichten.

Tipps zum Einfrieren

Es sind noch süße Reste vom Kaffeekränzchen übrig? Oder es wurde auf Vorrat gebacken? Kein Problem – vorgebackene Böden, komplette Torten, Kuchen oder Kekse lassen sich prima einfrieren. Wenn Sie die folgenden Tipps beherzigen, bleibt der Kuchen auch nach dem Einfrieren frisch und aromatisch.

Die meisten Teige und Kuchen können drei Monate »auf Eis gelegt« werden. Danach verlieren sie an Aroma und sind nicht mehr so schmackhaft. Weniger gut für den Gefrierschrank geeignet sind Baiser, Makronen und Käsekuchen. Diese verlieren durch das Einfrieren an Geschmack und werden zäh, grießig oder feucht. Auch Obstböden mit Tortenguss sind ungeeignet, ebenso Buttercremefüllungen mit Pudding, da sie wässrig werden.

Die Vorbereitung

Als Faustregel gilt: Je frischer die Backware vor dem Einfrieren ist, umso besser schmeckt sie nach dem Auftauen. Die Backwaren auf Zimmertemperatur abkühlen lassen und anschließend gut verpackt sofort einfrieren.

Am besten teilen Sie Kuchen in handliche Portionen und frieren diese einzeln ein. Einzelne Stücke lassen sich leichter in Gefrierdosen verpacken und haben den Vorteil, dass man sie später portionsweise entnehmen und auftauen kann.

Die richtige Verpackung

Die Backwaren müssen sorgfältig verpackt werden, damit nichts an- bzw. austrocknet (Gefrierbrand). Außerdem behalten die Kuchen so ihren Duft und Geschmack. Zum Verpacken sind Gefrierdosen aus Plastik und Alufolie gut geeignet. Für Kleingebäck und trockene Backwaren lassen sich sehr gut Gefrierbeutel verwenden.

Einfrieren in der Backform

Direktes Einfrieren in der Backform eignet sich für Kuchen, die im Backofen aufgetaut werden sollen. Übrigens, wenn schon vor dem Backen feststeht, dass der Kuchen eingefroren werden soll, kann die Backzeit verkürzt und der Kuchen später bei gleicher Backtemperatur fertig gebacken werden.

Auftauen

Wie lange das Gebäck zum Auftauen benötigt, hängt von der Größe ab. Bei Raumtemperatur brauchen Kekse und Kleingebäck 4–6 Stunden, ein Kuchen fast 8 Stunden. Unbedingt die Verpackung entfernen, damit sich kein Kondenswasser bildet. Für besonders Eilige: Im Umluftofen mit eingeschaltetem Kaltluftgebläse tauen Kuchen schneller auf als bei Zimmertemperatur.

1/2 TEASPOON
1 TABLESPOON
(15.0 ML)

Wiegen und Messen

In den Rezepten sind die Mengen in der Zutatenliste oft in Löffelmaßen angegeben. Folgende Angaben gelten für leicht gehäuftes Normalbesteck:

Umrechnung TL/EL in g

Löffelmaß	Zutat	Gramm
1 TL	Backpulver	5 g
1 EL	Butter/Margarine	10 g
1 EL	Honig	20 g
1 EL	Kakao	10 g
1 EL	Kokosraspel	5 g
1 EL	Konfitüre	15 g
1 EL	Mehl	10 g
1 EL	Milch	15 g
1 EL	Öl	10 g
1 EL	Puderzucker	10 g
1 EL	Quark	30 g
1 EL	Sahne	10 g
1 EL	Speisestärke	10 g
1 EL	Zucker	15 g

Abkürzungen in den Rezepten

Abkürzung	Bedeutung
F	Fett
KH	Kohlenhydrate
E	Eiweiß
kcal	Kalorien
BE	Broteinheit (10–12 g Kohlenhydrate)
Ds.	Dose
EL	Esslöffel
g	Gramm
geh.	gehäuft
kcal	Kilokalorien
mg	Milligramm
ml	Milliliter
Msp.	Messerspitze
Pck.	Päckchen
Pkg.	Packung
TK	Tiefkühl
TL	Teelöffel

Erdbeeren auf Mohnwolke (Seite 50)

Rezepte für Genießer

Kuchen, Kekse oder Quiche? Hier wird Vielfalt großgeschrieben: Finden Sie für jede Gelegenheit das passende süße oder herzhafte Backwerk.

KLASSIKER

Locker, lecker, nussig

Nusskuchen

gelingt leicht

für eine Kastenform (Ø 30 cm) – ergibt 15 Stücke

15 Min. + 40 Min. backen

100 g Butter • 120 g Zucker • 5 Eier • Bourbonvanille, gemahlen • 200 g Haselnüsse, gemahlen • 200 g Mandeln, gemahlen • 1 Pck. Backpulver • ½ TL Zimt

- Den Ofen auf 200 Grad (Umluft 180 Grad) vorheizen. Weiche Butter mit dem Zucker verrühren. Eier dazugeben und schaumig rühren. Etwas Vanille hinzufügen. Die Nüsse und Mandeln sorgfältig mit Backpulver und Zimt mischen und dann zur Butter-Ei-Masse geben. Alles zu einem gleichmäßigen Kuchenteig vermengen.

- Den Teig in eine gefettete Kastenform füllen und 40 Min. backen. Den Kuchen 10 Min. auskühlen lassen, aus der Form lösen und nach Belieben verzieren.

Nährwerte pro Stück:

1 BE • 295 kcal • 12 g KH • 23 g F • 7 g E

Klassisch gut

Omas Apfelkuchen

preiswert

für eine Springform (Ø 26 cm) – ergibt 16 Stücke

35 Min. + 35 Min. backen

- 3 Eier
- 3 EL Wasser, heiß
- 90 g Zucker
- 1 Pck. Vanillinzucker
- 1 Prise Salz
- 200 g Mehl (Type 405)
- 2 TL Backpulver
- 750 g Äpfel
- 2 EL Aprikosenkonfitüre
- 2 EL Puderzucker

● Den Backofen auf 180 Grad vorheizen (Umluft 160 Grad). Für den Biskuitteig die Eier trennen, die Eigelbe mit 3 EL heißem Wasser verrühren, 50 g des Zuckers und Vanillinzucker zugeben und alles schaumig schlagen.

● Die Eiweiße mit Salz steif schlagen, den restlichen Zucker einrieseln lassen und auf die Eigelbcreme geben. Mehl mit Backpulver mischen und auf die Eimasse sieben. Alles vorsichtig vermengen. Den Teig in eine mit Backpapier ausgelegte Springform füllen.

● Für den Belag die Äpfel waschen, schälen, halbieren, Kerngehäuse entfernen. Die gewölbte Seite in gleichmäßigen Abständen ½ cm tief einschneiden und mit dieser Seite nach oben auf den Teig legen. Im Ofen ca. 30–35 Min. backen.

● Den Kuchen aus der Form nehmen und auskühlen lassen. Aprikosenkonfitüre unter Rühren erhitzen. Mit einem Pinsel auf die Äpfel streichen. Mit Puderzucker bestäuben.

Nährwerte pro Stück:

1,8 BE • 115 kcal • 23 g KH • 2 g F • 3 g E

Perfekt fürs Kaffeekränzchen

Gugelhupf

braucht etwas mehr Zeit

für eine Gugelhupfform (Ø 22 cm) – ergibt 20 Stücke

25 Min. + 70 Min. ruhen + 45 Min. backen

- 50 g Rosinen
- 2 EL Rum
- 300 g Mehl (Type 405)
- ½ Würfel Hefe
- 125 ml Milch (1,5 % Fett), lauwarm
- 70 g Zucker
- 1 Ei
- 1 Eigelb
- 1 Prise Salz
- 120 g Halbfettmargarine
- 30 g Mandeln, gehackt
- Fett und Grieß für die Form
- 1 EL Puderzucker

● Die Rosinen mit dem Rum mischen und ziehen lassen. Das Mehl in eine Schüssel geben, in die Mitte eine Vertiefung drücken. Die Hefe zerbröseln und in etwas lauwarmer Milch auflösen. 1 EL Zucker hinzufügen und in die Vertiefung geben, mit etwas Mehl vom Rand bestäuben. Zugedeckt an einem warmen Ort ca. 15 Min. gehen lassen.

● Den übrigen Zucker, restliche Milch, Ei und Eigelb, Salz, Margarine und Mandeln verrühren, die eingelegten Rosinen hinzufügen. Die Masse mit dem Hefevorteig zu einem glatten Teig verkneten. Weitere 45 Min. zugedeckt gehen lassen, bis sich das Volumen verdoppelt hat.

● Den Ofen auf 200 Grad vorheizen. Die Form einfetten, mit Grieß ausstreuen. Den Teig nochmals durchkneten und diesen in die Form geben. Den Teig weitere 10 Min. gehen lassen.

● Im Ofen (untere Einschubleiste) 45 Min. backen. 10 Min. in der Form auskühlen lassen, auf eine Platte stürzen und mit Puderzucker bestäuben.

Nährwerte pro Stück:

1,5 BE • 120 kcal • 17 g KH • 4 g F • 3 g E

Für alle Leckermäulchen

Käsekuchen

gelingt leicht

für eine Springform (Ø 26 cm) – ergibt 16 Stücke

20 Min. + 60 Min. backen

- 500 g Schichtkäse (10 % Fett)
- 500 g Magerquark
- ½ Bio-Zitrone
- 4 Eier
- 1 Prise Salz
- 125 g Halbfettbutter, weich
- 70 g Zucker
- 1 Pck. Vanillinzucker
- 1 Pck. Vanillepuddingpulver
- 1 EL Grieß
- 1 TL Süßstoff, flüssig

● Den Backofen auf 180 Grad (Umluft 160 Grad) vorheizen. Schichtkäse und Quark gut abtropfen lassen. Etwas Zitronenschale abreiben, die Zitrone auspressen. 3 Eier trennen. Die Eiweiße mit einer Prise Salz steif schlagen. Butter, Zucker und Vanillinzucker schaumig rühren, die Eigelbe und ein ganzes Ei nach und nach hinzufügen.

● Schichtkäse, Quark, Puddingpulver, Grieß, Süßstoff, 2 EL Zitronensaft und Zitronenschale unterrühren. Den Eischnee unterheben.

● Die Quarkmasse in eine mit Backpapier ausgelegte Springform füllen und glatt streichen. Im Ofen ca. 50–60 Min. backen.

Nährwerte pro Stück:
0,8 BE • 135 kcal • 10 g KH • 6 g F • 10 g E

Tipp: Der Kuchen gelingt auch wunderbar mit 100 g der Puderzucker-Variante aus Erythrit. Bitte dann die veränderten Nährwerte (Seite 15) beachten.

Klassischer geht es kaum

Schwarzwälder Kirschtorte

braucht etwas mehr Zeit

für eine Springform (Ø 26) – ergibt 16 Stücke

35 Min. + 20 Min. backen + 60 Min. kühlen

- 4 Eier
- 100 g Zucker
- 1 Prise Salz
- 120 g Mehl (Type 405)
- 70 g Stärke
- 2 TL Backpulver
- 2 EL Kakaopulver
- 200 ml Sahnealternative (z. B. Rama Cremefine zum Schlagen)
- Bourbonvanille, gemahlen
- Süßstoff, flüssig
- 2 EL Fruchtaufstrich (Kirsch)
- 1 Glas Kirschen (350 g Abtropfgewicht)
- 50 g Schokoraspeln

● Den Backofen auf 200 Grad (Umluft 180 Grad) vorheizen. Eine Springform mit Backpapier auslegen. Für den Biskuitteig die Eier trennen, Eigelbe mit 4 EL heißem Wasser verrühren, 50 g des Zuckers zugeben und alles schaumig schlagen.

● Die Eiweiße mit Salz steif schlagen, den restlichen Zucker einrieseln lassen. Mehl, Stärke, Backpulver und Kakao mischen und auf die Eigelbmasse sieben. Den Eischnee daraufgeben, alles vorsichtig vermengen.

● Den Teig in die Form geben, im Ofen ca. 15–20 Min. backen. Den Biskuit aus der Form nehmen, auskühlen lassen und quer in 2 Böden schneiden.

● Die Sahnealternative mit Vanille und etwas Süßstoff steif schlagen. Den unteren Tortenboden mit Fruchtaufstrich bestreichen. Die abgetropften Kirschen darüber verteilen, gut die Hälfte der Creme daraufstreichen. Den zweiten Boden aufsetzen. Oberfläche und Rand der Torte mit restlicher Creme bestreichen, 1 Std. kalt stellen. Mit Schokoraspeln bestreuen.

Nährwerte pro Stück:

2 BE • 205 kcal • 24 g KH • 6 g F • 4 g E

Locker, leicht & lecker

Himbeer-Biskuitrolle

braucht etwas mehr Zeit

für ein Backblech – ergibt 20 Stücke

45 Min. + 12 Min. backen + 2 Std. kühlen

Für den Teig:
- 4 Eier
- 120 g Zucker
- 70 g Mehl (Type 405)
- 40 g Stärke
- ½ TL Backpulver

Für die Füllung:
- 500 g Himbeeren
- 6 Blatt Gelatine
- 2 EL Zitronensaft
- 300 g Magerquark
- 2 Pck. Vanillinzucker
- Süßstoff, flüssig
- 120 g Schlagsahne
- 1 EL Puderzucker

● Den Backofen auf 200 Grad vorheizen, das Backblech mit Backpapier auslegen. Die Eier trennen, Eigelbe mit 100 g Zucker schaumig rühren. Eiweiße steif schlagen, dabei 20 g Zucker einrieseln lassen. Zur Eigelbmasse geben. Mehl, Stärke, Backpulver mischen, darübersieben, alles vermengen. Den Teig auf das Backblech streichen.12 Min. goldgelb backen. Dann auf ein mit Zucker bestreutes Geschirrtuch stürzen, Backpapier abziehen. Teig von der Längsseite her aufrollen und auskühlen lassen.

● Die Gelatine in kaltem Wasser einweichen. 150 g Himbeeren und Zitronensaft pürieren, mit Quark und Vanillinzucker verrühren, mit Süßstoff abschmecken. Restliche Himbeeren halbieren. Gelatine ausdrücken und bei schwacher Hitze auflösen, 3 EL Quarkcreme unterrühren. Dann unter die Quarkmasse mengen. 300 g Himbeeren unterheben, alles kalt stellen.

● Sahne steif schlagen und unter die gelierende Masse heben. Biskuit auseinanderrollen, die Creme daraufstreichen. Den Biskuit wieder aufrollen und mind. 2 Std. kalt stellen. Mit Puderzucker und 50 g Himbeeren verzieren.

Nährwerte pro Stück:

1,7 BE • 105 kcal • 20 g KH • 3 g F • 4 g E

Köstlich im Spätsommer

Klassischer Pflaumenkuchen

gelingt leicht

für ein Backblech – ergibt 20 Stücke

35 Min. + 65 Min. ruhen + 45 Min. backen

- 500 g Mehl (Type 1050)
- 1 Würfel Hefe
- 300 ml Milch (1,5 % Fett), lauwarm
- 50 g Zucker
- 4 EL Öl
- 1 Ei
- 1 Prise Salz
- 1½ kg Pflaumen
- etwas Zimt

● Das Mehl in eine Schüssel geben, in die Mitte eine Vertiefung drücken. Die Hefe zerbröseln, in etwas lauwarmer Milch auflösen, in die Vertiefung geben und 1 TL Zucker hinzufügen. Den Hefeansatz mit etwas Mehl bestäuben. Den Rest des Zuckers auf dem Mehlrand verteilen. Den Vorteig zugedeckt an einem warmen Ort ca. 15 Min. gehen lassen.

● Die restliche Milch mit dem Hefevorteig, Öl, Ei und Salz zu einem glatten Teig kneten; 30 Min. zugedeckt gehen lassen, bis sich das Volumen verdoppelt hat.

● Den Backofen auf 200 Grad (Umluft 180 Grad) vorheizen. Ein Backblech mit Backpapier auslegen. Den Teig nochmals durchkneten, in Backblechgröße ausrollen und auf das Blech legen. Weitere 20 Min. gehen lassen.

● In dieser Zeit die Pflaumen waschen, entsteinen, halbieren, oben etwas einschneiden und dachziegelartig auf dem Teig verteilen. Im Ofen 45 Min. backen. Den warmen Kuchen mit Zimt bestäuben.

Nährwerte pro Stück:

1,4 BE • 160 kcal • 29 g KH • 3 g F • 4 g E

Tipp: Schmeckt auch lauwarm sehr lecker. Bei säuerlichen Pflaumen nach dem Backen mit Streusüße nachsüßen.

Da bleibt kein Stück übrig

Mohnkuchen

braucht etwas mehr Zeit

für eine Springform (Ø 26 cm) – ergibt 16 Stücke

60 Min. + 45 Min. ruhen + 50 Min. backen

Für den Teig:

- 250 g Mehl (Type 405)
- 2 TL Backpulver
- 70 g Zucker
- 125 g Halbfettbutter
- 1 Ei
- 1 Prise Salz

Für den Belag:

- 1 Pck. Vanillepuddingpulver
- ½ l Milch (1,5 % Fett)
- 200 g Mohn, gemahlen
- 75 g Zucker
- abgeriebene Zitronenschale (Bio)
- Zimt
- 40 g Butter
- 1 Ei
- 1 Birne
- 3 Eiweiße
- 1 Prise Salz
- 60 g Zucker

● Mehl und Backpulver mit Zucker, Butter, Ei und Salz zu einem glatten Teig kneten. In Folie gewickelt 45 Min. im Kühlschrank ruhen lassen. Puddingpulver mit etwas Milch anrühren. Restliche Milch zum Kochen bringen, den Mohn unter Rühren einstreuen und bei schwacher Hitze 20 Min. quellen lassen. Zucker und Zitronenschale unterrühren, mit Zimt abschmecken. Die Mohnmischung aufkochen, das Puddingpulver einrühren und erneut aufkochen; etwas abkühlen lassen. Backofen auf 180 Grad (Umluft 160 Grad) vorheizen. Butter und Ei unter die Mohnmasse rühren. Die Birne schälen, raspeln und unterheben.

● Den Teig in die mit Backpapier ausgelegte Springform drücken, Rand formen. Den Teigboden mehrmals einstechen, die Mohnmasse daraufgeben und 30 Min. backen. Die Eiweiße mit einer Prise Salz steif schlagen, den Zucker nach und nach hinzufügen. Die Baisermasse auf dem Kuchen verteilen und 20 Min. backen.

Nährwerte pro Stück:

2,5 BE • 245 kcal • 30 g KH • 11 g F • 7 g E

Süßes Flechtwerk

Hefezopf

braucht etwas mehr Zeit

für 1 Zopf – ergibt 20 Scheiben

45 Min. + 90 Min. ruhen + 40 Min. backen

- 500 g Mehl (Type 405)
- 1 Würfel Hefe
- ¼ l Milch (1,5 %), lauwarm
- 70 g Zucker
- abgeriebene Zitronenschale
- 100 g Halbfettbutter, weich
- 3 Eigelbe
- 1 Prise Salz
- 100 g Mandeln, gemahlen

Außerdem:

- 1 Eigelb
- 2 EL Milch (1,5 % Fett)
- 2 EL Hagelzucker

● Das Mehl in eine Schüssel geben, in die Mitte eine Vertiefung drücken. Die Hefe zerbröseln und in etwas lauwarmer Milch auflösen, 1 TL Zucker hinzufügen, in die Vertiefung geben, mit etwas Mehl vom Rand bestäuben. Zugedeckt an einem warmen Ort ca. 25 Min. gehen lassen.

● Den restlichen Zucker, die übrige Milch, Zitronenschale, Butter, Eigelbe, Salz und Mandeln mit dem Hefevorteig zu einem glatten Teig verkneten. Zugedeckt an einem warmen Ort ca. 45 Min. gehen lassen, bis sich das Volumen sichtbar vergrößert hat.

● Den Teig durchkneten, in 3 Portionen teilen und zu jeweils 50 cm langen Strängen rollen. Aus den Strängen einen Zopf flechten, die Enden zusammendrücken und auf ein mit Backpapier belegtes Backblech legen.

● Den Zopf zugedeckt 20 Min. gehen lassen. Den Backofen auf 160 Grad vorheizen. Das Eigelb mit Milch verquirlen und den Zopf damit bestreichen. Mit Hagelzucker bestreuen. Im Ofen 35–40 Min. backen.

Nährwerte pro Stück:

2 BE • 175 kcal • 24 g KH • 6 g F • 5 g E

Kommt immer gut an

Marmorkuchen

gelingt leicht

für eine Kastenform (20 cm) – ergibt 12 Stücke

20 Min. + 60 Min. backen

- 160 g Halbfettbutter
- 70 g Zucker
- 1 Pck. Vanillinzucker
- 3 Eier
- 200 g Mehl (Type 405)
- 2 TL Backpulver
- 1 Prise Salz
- 2 EL Milch (1,5 % Fett)
- 2 EL Kakaopulver
- 1 EL Rum
- 1 EL Milch (1,5 % Fett)
- Fett für die Form
- Puderzucker

● Den Backofen auf 180 Grad vorheizen (Umluft 160 Grad). Die Halbfettbutter mit Zucker und Vanillinzucker cremig rühren, die Eier einzeln unterrühren. Das Mehl mit Backpulver und Salz mischen, abwechselnd mit der Milch unter die Butter-Ei-Masse rühren.

● Die Hälfte des Teiges in eine gefettete Kastenform füllen. Den Kakao sieben und mit Rum und Milch unter den restlichen Teig rühren. Den dunklen Teig auf dem hellen Teig verteilen. Mit einer Gabel beide Teigschichten spiralförmig miteinander vermengen, sodass ein Marmormuster entsteht.

● Im Ofen 60 Min. backen. Den Kuchen 10 Min. auskühlen lassen, aus der Form lösen und nach Belieben mit Puderzucker bestäuben.

Nährwerte pro Stück:

1,7 BE • 165 kcal • 20 g KH • 7 g F • 4 g E

Tipp Der Kuchen gelingt auch wunderbar mit Xylit anstelle von Zucker. Bitte dann die veränderten Nährwerte (Seite 15) beachten.

BESONDERES

Kuchen to go

Kuchen aus dem Glas

gelingt leicht

für 4 Weckgläser à 250 ml Inhalt – ergibt 8 Stücke

20 Min. + 30 Min. backen

250 g Aprikosen • 125 g Halbfettbutter • 85 g Zucker • 2 Eier • Schale von ½ Bio-Zitrone • Bourbonvanille, gemahlen • 200 g Mehl (Type 405) • 1½ TL Backpulver • 1 Prise Salz • 25 g Pistazien, gehackt • Puderzucker

- Den Backofen auf 175 Grad (Umluft 160 Grad) vorheizen. Die Gläser einfetten. Aprikosen in Würfel schneiden.

- Butter mit Zucker cremig rühren, Eier einzeln einrühren, Zitronenabrieb und Vanille zufügen. Mehl mit Backpulver und Salz mischen und unterrühren. Pistazien unterheben. Teig und Aprikosenwürfel abwechselnd auf die Gläser verteilen, sodass sie zu zwei Dritteln gefüllt sind. Ohne Deckel 25–30 Min. backen. Aus dem Ofen nehmen, nach dem Abkühlen stürzen. Mit etwas Puderzucker bestäuben.

Nährwerte pro Stück:

2,8 BE • 250 kcal • 33 g KH • 10 g F • 7 g E

Vegan und saftig

Rüblikuchen

gelingt leicht

für eine Kastenform (25 cm) – ergibt 12 Stücke

20 Min. + 40 Min. backen

- 100 g Dinkelvollkornmehl
- 100 g Mehl (Type 405)
- 100 g Rohrzucker
- 1 Pck. Vanillinzucker
- 1 TL Natron
- 1 TL Backpulver
- 1 TL Zimt
- ½ TL Salz
- 100 g Möhren
- 200 g Sojajoghurt, Vanille
- 100 g Rapsöl
- Puderzucker

- Den Backofen auf 180 Grad vorheizen (Umluft 160 Grad).
- Mehle mit dem Rohr- und Vanillinzucker, Natron, Backpulver, Zimt und Salz mischen.
- Die Möhren fein raspeln, mit dem Sojajoghurt und dem Öl gut verrühren.
- Das Mehlgemisch zu der Möhrenmasse geben und alles sorgfältig vermengen.
- Den Teig in eine gefettete Kastenform füllen. Im Ofen ca. 40 Min. backen.
- Den Kuchen auskühlen lassen. Aus der Form lösen und nach Belieben mit Puderzucker bestäuben.

Nährwerte pro Stück:

1,8 BE • 150 kcal • 19 g KH • 4 g F • 7 g E

... wie auf Wolke sieben

Erdbeeren auf Mohnwolke

braucht etwas mehr Zeit

für eine Springform (Ø 26 cm) – ergibt 12 Stücke

40 Min. + 30 Min. backen + 60 Min. kühlen

Für den Teig:
- 3 Eier
- 100 g Margarine
- 70 g Zucker
- 1 Pck. Vanillinzucker
- 1 Prise Salz
- 150 g Mehl (Type 405)
- 2 TL Backpulver
- 1 EL Kakaopulver

Für den Belag:
- 4 Blatt Gelatine
- 300 g Erdbeeren
- 500 g Magerquark
- 250 g Mohnbackmischung
- 2 EL Milch (1,5 % Fett)
- 1 Pck. Tortenguss, rot
- Süßstoff, flüssig
- Zitronenmelisse-Blätter

● Den Backofen auf 180 Grad (Umluft 160 Grad) vorheizen. Die Eier trennen. Margarine mit Zucker, Vanillinzucker und Salz cremig rühren. Die Eigelbe einzeln unterrühren. Mehl mit Backpulver und Kakao mischen, portionsweise unterrühren. Eiweiße steif schlagen und vorsichtig unterheben. Den Teig in eine mit Backpapier ausgelegte Form füllen und glatt streichen. Im Ofen 30 Min. backen. Aus der Form lösen und abkühlen lassen.

● Gelatine in kaltem Wasser einweichen. Erdbeeren vierteln. Quark, Mohnbackmischung und Milch vermengen. Gelatine leicht ausdrücken und in einem Topf unter Rühren auflösen. Etwas Mohn-Quark unter die Gelatine rühren. Dann mit der restlichen Masse verrühren.

● Einen Tortenring um den Boden legen, die Quark-Mohn-Masse daraufgeben und kalt stellen. Die Erdbeeren auf der Torte verteilen. Aus dem Tortengusspulver und 250 ml Wasser ohne Zucker einen Guss zubereiten, mit Süßstoff süßen und auf das Obst streichen. Die Torte mind. 1 Std. kalt stellen. Mit Melisse dekorieren.

Nährwerte pro Stück:

2,5 BE • 225 kcal • 29 g KH • 8 g F • 17 g E

Tierisch lecker

Zebrakuchen

gelingt leicht

für eine Springform (Ø 28 cm) – ergibt 16 Stücke

45 Min. + 35 Min. backen + 60 Min. kühlen

Für den Teig:
- 4 Eier
- 90 g Zucker
- 1 Pck. Vanillinzucker
- 150 g Mehl (Type 405)
- 1 Pck. Backpulver
- 1 EL Kakaopulver

Für den Belag:
- 1 Ds. Pfirsiche (470 g Abtropfgewicht)
- 200 ml Schlagsahne
- 1 Pck. Sahnesteif
- 500 g Magerquark
- Süßstoff, flüssig
- 2 Pck. Tortenguss, klar

● Eier, Zucker und Vanillinzucker schaumig rühren. Mehl und Backpulver mischen, auf die Eiermasse sieben und unterheben. Den Teig halbieren, unter eine Hälfte den gesiebten Kakao rühren.

● Den Backofen auf 180 Grad (Umluft 160 Grad) vorheizen. Eine Springform mit Backpapier auslegen und immer im Wechsel 2 EL hellen und 2 EL dunklen Teig in die Mitte der Form geben, nicht verteilen. Nicht glatt streichen. Circa 25 Min. backen. Den abgekühlten Kuchen aus der Form lösen und einen Tortenring um den Teigboden legen. Die Pfirsiche bis auf eine Hälfte klein schneiden, auf dem Teig verteilen. Den Saft aufheben.

● Sahne mit Sahnesteif steif schlagen. Den Quark glatt rühren und mit Süßstoff süßen. Sahne unterheben und die Creme auf dem Kuchen verteilen. Pfirsichhälften in dünne Scheiben schneiden und fächerförmig auf die Tortenmitte legen. Den Pfirsichsaft mit Wasser auf 400 ml auffüllen und mit dem Tortenguss ohne Zucker zubereiten. Abkühlen lassen, auf der Quarkcreme verteilen. Mindestens 1 Std. kalt stellen.

Nährwerte pro Stück:

2,1 BE • 180 kcal • 25 g KH • 6 g F • 8 g E

Milchreis mal anders

Milchreistorte

braucht etwas mehr Zeit

für eine Springform (Ø 26 cm) – ergibt 16 Stücke

90 Min. + 45 Min. ruhen + 18 Min. backen + 60 Min. kühlen

Für den Teig:
- 250 g Mehl (Type 405)
- 1 TL Zimt
- 60 g Zucker
- 125 g Halbfettmargarine
- 1 Ei
- 1 Prise Salz

Für den Belag:
- 400 g gemischte Beeren (TK)
- 170 g Rundkornreis
- 750 ml Milch (1,5 % Fett)
- 2 Pck. Vanillinzucker
- 1 Stk. Zitronenschale
- 1 Prise Salz
- 8 Blatt Gelatine
- Süßstoff, flüssig
- 250 ml Sahnealternative
- 1 Pck. Tortenguss, rot

● Beeren auftauen. Die Zutaten für den Teig verkneten. In Folie gewickelt 45 Min. kalt stellen. Backofen auf 200 Grad (Umluft 175 Grad) vorheizen. Eine Springform mit Backpapier auslegen, den Rand fetten. Teig ausrollen, in die Form legen, einen Rand formen. Teig mehrmals mit einer Gabel einstechen. 18 Min. backen.

● Reis mit Milch, 1 Pck. Vanillinzucker, Zitronenschale und Salz aufkochen. Bei schwacher Hitze 30 Min. quellen lassen. Gelegentlich umrühren. Zitronenschale entfernen. Gelatine in kaltem Wasser einweichen, ausdrücken und im heißen Milchreis unter Rühren auflösen. Reismasse süßen und kalt stellen, bis sie beginnt zu gelieren. Schlagcreme mit Vanillinzucker steif schlagen, unter den abgekühlten Milchreis ziehen. Auf dem Teig verteilen und mind. 1 Std. kalt stellen.

● Beeren abtropfen lassen, Saft auffangen und diesen mit Wasser auf 250 ml auffüllen. Mit Tortengusspulver einen Guss ohne Zucker zubereiten, süßen, Beeren unterheben. Auf dem Reis verteilen.

Nährwerte pro Stück:

2 BE • 190 kcal • 25 g KH • 8 g F • 5 g E

Für echte Genießer

Baileys-Kirsch-Torte

gelingt leicht

für eine Springform (⌀ 26 cm) – ergibt 12 Stücke

30 Min. + 35 Min. backen + 60 Min. kühlen

Für den Teig:

- 50 g Halbfettmargarine
- 100 g Joghurt (1,5 % Fett)
- 100 g Zucker
- Süßstoff, flüssig
- 1 Pck. Vanillinzucker
- 3 Eier
- 150 g Mehl (Type 405)
- 50 g Speisestärke
- 1 TL Backpulver
- ½ TL Natron
- 2 EL Kakaopulver
- 1 Glas Schattenmorellen (350 g Abtropfgewicht)

Für den Belag:

- 1 Pck. Paradiescreme Vanille
- 200 ml Milch (1,5 % Fett)
- 50 ml Baileys-Likör
- 250 g Magerquark
- 1 Pck. Tortenguss, rot

● Den Backofen auf 180 Grad (Umluft 160 Grad) vorheizen. Margarine, Joghurt, Zucker, etwas Süßstoff, Vanillinzucker und Eier schaumig schlagen. Mehl, Stärke, Backpulver und Natron mischen, nach und nach unterrühren.

● Die Hälfte des Teiges in eine mit Backpapier ausgelegte Springform füllen und glatt streichen. Den restlichen Teig mit dem Kakaopulver verrühren und auf den hellen Teig streichen. Die Kirschen abtropfen lassen, den Saft auffangen. Die Kirschen auf dem Teig verteilen. Den Kuchen 35 Min. backen, auskühlen lassen.

● Die Paradiescreme mit der Milch und dem Likör verrühren, cremig aufschlagen und den Quark unterrühren. Einen Tortenring um den ausgekühlten Kuchen legen und die Creme darauf verteilen, 1 Std. kalt stellen.

● Aus Tortengusspulver, 100 ml Kirschsaft und 150 ml Wasser nach Packungsanleitung einen Guss (ohne Zucker) zubereiten, auf dem Kuchen verteilen.

Nährwerte pro Stück:

2,8 BE • 225 kcal • 34 g KH • 5 g F • 8 g E

Lecker zum Brunch

Müslizopf

braucht etwas mehr Zeit

für eine Kastenform (Ø 30 cm) – ergibt 15 Stücke

45 Min. + 60 Min. ruhen + 60 Min. backen

Für den Teig:
- 375 g Mehl (Type 405)
- 150 g Weizenvollkornmehl
- 1 Würfel Hefe
- 250 ml Milch (1,5 % Fett), lauwarm
- 50 g Zucker
- 2 Eigelbe
- 125 g Halbfettbutter
- 1 Prise Salz

Für die Füllung:
- 100 ml Sahne
- 100 ml Milch (1,5 % Fett)
- 50 g Honig
- 100 g Mandeln, gemahlen
- 100 g Mandeln, gehackt
- 100 g Vollkorn-Müsli
- 1 Ei
- Süßstoff, flüssig

● Das Mehl in eine Schüssel geben, in die Mitte eine Vertiefung drücken. Die Hefe zerbröseln, in etwas Milch auflösen, in die Vertiefung geben, 1 TL Zucker hinzufügen. Den Hefeansatz mit etwas Mehl bestäuben. Den Rest des Zuckers auf dem Mehlrand verteilen. Den Vorteig zugedeckt an einem warmen Ort 15 Min. gehen lassen.

● Die restliche Milch, Hefevorteig, Eigelbe, Butter und Salz verkneten; 30 Min. zugedeckt gehen lassen. Den Backofen auf 180 Grad (Umluft 160 Grad) vorheizen.

● Sahne, Milch und Honig aufkochen. Mandeln zugeben, unter Rühren zu einem Brei kochen. Abkühlen lassen, Vollkorn-Müsli und Ei unterrühren. Mit Süßstoff abschmecken.

● Die Kastenform mit Backpapier auslegen. Den Teig durchkneten und zu einem Rechteck ausrollen. Die Müsli-Füllung daraufstreichen und den Teig aufrollen. Einmal der Länge nach durchschneiden. Die beiden Stränge umeinanderschlingen und in die Form legen. Weitere 15 Min. gehen lassen. Circa 60 Min. backen.

Nährwerte pro Stück:

3 BE • 320 kcal • 36 g KH • 15 g F • 9 g E

Aufregend prickelnd

Prosecco-Torte

gelingt leicht

ergibt 16 Stücke

45 Min. + 60 Min. kühlen

- 2 Stk. Wiener Boden (hell, 2-lagig)
- 8 Blatt Gelatine
- 2 Pck. Vanillepudding-pulver
- 700 ml Milch (1,5 % Fett)
- Süßstoff, flüssig
- 400 ml Prosecco oder Sekt (trocken)
- 400 g Sahnealternative (z. B. Rama Cremefine zum Schlagen)
- 1 Pck. Bourbonvanille-Zucker
- 200 ml Sahne
- 1 Pck. Sahnesteif
- Kokosraspeln

● Von einem Tortenbodensatz rundherum einen Rand von ca. 3 cm abschneiden. Je einen kleinen und einen großen Boden auf zwei Tortenplatten setzen und mit einem Tortenring umschließen.

● Gelatine in kaltem Wasser einweichen. Aus Puddingpulver und Milch nach Packungsanleitung (ohne Zucker) einen Pudding kochen, mit Süßstoff abschmecken. Gelatine leicht ausdrücken, unter Rühren im heißen Pudding auflösen. Prosecco unterrühren. Abkühlen lassen.

● Die Sahnealternative mit Vanillezucker steif schlagen, unter die lauwarme Proseccocreme heben. Zwei Drittel der Creme auf den großen Boden, den Rest auf den kleinen Boden streichen. Alles ca. 1 Std. kalt stellen.

● Auf jeden mit Creme bestrichenen Tortenboden den übrigen Boden gleicher Größe legen. Nun die kleinere Torte auf die größere setzen. Die Sahne mit Sahnesteif steif schlagen, die Torte damit rundherum bestreichen. Mit Kokosraspeln bestreuen und bis zum Verzehr kalt stellen.

Nährwerte pro Stück:

2,5 BE • 230 kcal • 30 g KH • 8 g F • 5 g E

OBSTKUCHEN

Aus dem sonnigen Süden

Orangenkuchen

geht schnell

für eine Springform (Ø 18 cm) – ergibt 9 Stück

15 Min. + 45 Min. backen

50 g Pinienkerne • 160 g Dinkelmehl (Type 630) • 75 g Zucker • ½ Pck. Backpulver • 25 g Maisgrieß • 1 Prise Salz • 2 Bio-Orangen • 50 g Joghurt (1,5 % Fett) • 40 ml Rapsöl • 80 ml Mineralwasser • Puderzucker

- 40 g Pinienkerne ohne Fett rösten, abkühlen lassen, fein hacken. Ofen auf 180 Grad (Umluft 160 Grad) vorheizen. Pinienkerne mit Mehl, Zucker, Backpulver, Maisgrieß und Salz mischen.

- 1 Orange abwaschen, abtrocknen, Schale abreiben, Saft auspressen. Schale, Saft, Joghurt, Öl und Wasser zur Mehlmischung geben. Alles glatt rühren, in der gefetteten Form ca. 45 Min. backen. Zweite Orange filetieren, mit 10 g Pinienkernen und Puderzucker auf den Kuchen geben.

Nährwerte pro Stück:

2,2 BE • 195 kcal • 26 g KH • 8 g F • 4 g E

Eine fruchtige Versuchung

Heidelbeer-Tofu-Kuchen

gelingt leicht

für eine Springform (Ø 26 cm) – ergibt 16 Stücke

20 Min. + 60 Min. backen + 60 Min. kühlen

Für den Teig:

- 150 g Weizenvollkornmehl
- 1 EL Kakaopulver
- 1 Prise Salz
- 50 g Rohrzucker
- 65 g Margarine
- 3 EL Sojadrink

Für die Füllung

- 200 g Tofu, natur (fest)
- 400 g Seidentofu
- 1 EL Rapsöl
- 4 EL Sojadrink
- 3 EL Zitronensaft
- 100 g Rohrzucker
- 1 Prise Salz
- 50 g Vanille-Puddingpulver
- 200 g Heidelbeeren

- Den Backofen auf 180 Grad vorheizen (Umluft 160 Grad). Mehl und Kakaopulver vermengen. Mit Zucker, Margarine und Sojadrink zu einem Teig verkneten.

- Springform einfetten und mit dem Teig auskleiden. Im Ofen ca. 10 Min. backen.

- Für die Füllung den festen Tofu in eine Schüssel bröseln. Seidentofu, Rapsöl, Sojadrink, Zitronensaft, Salz, Zucker und Vanillepuddingpulver dazugeben und geschmeidig pürieren. Beeren unterheben.

- Füllung in die Springform auf den vorgebackenen Teigboden geben und weitere 50 Min. bei 180 Grad (Umluft 160 Grad) backen.

- Kuchen abkühlen lassen und mind. 1 Std. kühl stellen.

Nährwerte pro Stück:

1 BE • 115 kcal • 12 g KH • 6 g F • 3 g E

Tipp Der Kuchen kann durch die Heidelbeeren leicht rosa gefärbt werden. Wer das nicht möchte, verteilt die Beeren einfach auf dem Kuchen und fixiert sie mit Fruchtaufstrich. Dafür den Aufstrich leicht erhitzen, glatt rühren, über die Beeren geben und fest werden lassen.

Frucht trifft Nuss

Apfel-Mandel-Kuchen

preiswert

für eine Springform (Ø 24 cm) – ergibt 12 Stücke

20 Min. + 40 Min. backen

- 500 g Äpfel
- 110 g Halbfettmargarine
- 80 g Zucker
- 100 g Frischkäse (Fettstufe) (z. B. Exquisa Joghurt Natur)
- Bourbonvanille, gemahlen
- 4 Eier
- 180 g gemahlene Mandeln (blanchiert)
- 1 TL Backpulver
- 1 TL Zimt
- 1 Prise Salz

● Die Äpfel schälen, entkernen und klein schneiden. Den Backofen auf 180 Grad vorheizen (Umluft 160 Grad).

● Weiche Margarine mit Zucker, Frischkäse und Vanille verrühren. Eier hinzufügen und cremig rühren.

● Gemahlene Mandeln mit Backpulver, Zimt und Salz mischen. Zügig unter die Eimasse mengen, Äpfel unter den Teig rühren.

● Den Teig in eine gefettete Springform füllen. Im Ofen ca. 40 Min. backen.

Nährwerte pro Stück:

1,1 BE • 220 kcal • 14 g KH • 15 g F • 6 g E

Tipp Der Kuchen gelingt auch wunderbar mit 90 g Erythrit. Bitte dann die veränderten Nährwerte (Seite 15) beachten.

Süße Birne trifft Knusperboden

Birnentarte

gelingt leicht

für eine Springform (Ø 26 cm) – ergibt 12 Stücke

25 Min. + 4 Min. kühlen + 40 Min. backen

- 180 g Mehl (Type 405)
- 90 g Butter
- 30 g Vollrohrucker
- 1 Prise Salz
- 1 Ei
- 3 Birnen
- 1–2 EL Zitronensaft
- 2 EL Aprikosenkonfitüre

● Mehl, Butter, Zucker, Salz und Ei zu einem glatten Teig verkneten, in Folie wickeln und 45 Min. kalt stellen. Die Birnen schälen, vierteln und entkernen. Die Viertel in sehr dünne Scheiben schneiden und mit Zitronensaft beträufeln.

● Den Backofen auf 200 Grad (Umluft 180 Grad) vorheizen. Eine Tarteform einfetten. Den Teig in die Form drücken und einen kleinen Rand formen. Die Birnenscheiben fächerartig darauf verteilen. Im Ofen ca. 40 Min. backen. Den Kuchen nach 25 Min. mit Alufolie abdecken, um starkes Bräunen zu vermeiden.

● Die Konfitüre mit etwas Wasser unter Rühren erwärmen und die heiße Tarte damit bestreichen.

Nährwerte pro Stück:
1,7 BE • 150 kcal • 20 g KH • 7 g F • 2 g E

Tipp Zu der Tarte schmeckt Vanilleeis. Wer es lieber herzhaft mag: Besonders gut harmoniert auch milder Ziegenfrischkäse mit den Birnen.

Köstlich, köstlich

Kirsch-Streuselkuchen

preiswert

für ein Backblech – ergibt 25 Stücke

40 Min. + 60 Min. backen

Für die Streusel:

- 200 g Halbfettbutter, kalt
- 360 g Mehl (Type 405)
- 90 g Zucker
- 2 Pck. Vanillinzucker

Für den Teig:

- 250 g Halbfettbutter
- 125 g Zucker
- 1 Prise Salz
- 5 Eier
- abgeriebene Zitronenschale (Bio)
- 500 g Mehl (Type 405)
- 1 Pck. Backpulver
- 100 ml Milch (1,5 % Fett)
- 2 Gläser Schattenmorellen (à 350 g Abtropfgewicht)

- Butter mit Mehl, Zucker und Vanillinzucker vermengen, leicht zu Streuseln zusammendrücken und kalt stellen. Ofen auf 200 Grad (Umluft 170 Grad) vorheizen.

- Für den Teig die Butter schaumig rühren, Zucker und Salz dazugeben. So lange rühren, bis der Zucker aufgelöst ist. Nacheinander die Eier hinzufügen, Zitronenschale dazugeben.

- Mehl und Backpulver mischen und abwechselnd mit der Milch unterrühren. Den Teig gleichmäßig auf ein mit Backpapier ausgelegtes Backblech streichen. Die abgetropften Kirschen darauf verteilen und leicht eindrücken. Die Streusel darübergeben. Im Ofen 50–60 Min. backen.

Nährwerte pro Stück:

3 BE • 250 kcal • 39 g KH • 9 g F • 5 g E

Tipp Der Teig des Kuchens gelingt auch wunderbar mit Xylit anstelle von Zucker. Bitte dann die veränderten Nährwerte (Seite 15) beachten.

Wie aus Omas Garten

Stachelbeer-Schmand-Torte

gelingt leicht

für eine Springform (Ø 28 cm) – ergibt 16 Stücke

30 Min. + 55 Min. backen

Für den Teig:
- 80 g Halbfettbutter
- 50 g Zucker
- 1 Ei
- 200 g Mehl (Type 405)
- 1 TL Backpulver

Für den Belag:
- 500 g Stachelbeeren
- 1 Pck. Vanillepuddingpulver
- 200 ml Apfelsaft
- 1–2 TL Süßstoff, flüssig

Für den Guss:
- 3 Eier
- 400 g Schmand
- 1 EL Vanillepuddingpulver
- 1 Pck. Vanillinzucker
- 1 Prise Salz

● Den Backofen auf 180 Grad (Umluft 160 Grad) vorheizen. Für den Teig Butter und Zucker cremig rühren, das Ei unterrühren. Mehl und Backpulver mischen und untermengen. Den Teig in eine mit Backpapier ausgelegte Springform füllen.

● Die Stachelbeeren waschen. Das Vanillepuddingpulver mit etwas Apfelsaft verquirlen. Den übrigen Saft mit 200 ml Wasser aufkochen. Das angerührte Puddingpulver einrühren, 2 Min. köcheln lassen und mit Süßstoff abschmecken. Die Stachelbeeren unterheben und die Masse auf den Teig geben. Den Kuchen im Ofen ca. 35 Min. backen.

● Für den Guss die Eier trennen. Die Eigelbe mit Schmand, Vanillepuddingpulver und Vanillinzucker verrühren. Die Eiweiße mit Salz steif schlagen und unter die Schmandcreme heben. Auf dem heißen Kuchen verteilen und weitere 20 Min. backen. Den Kuchen herausnehmen und abkühlen lassen.

Nährwerte pro Stück:

1,7 BE • 180 kcal • 21 g KH • 9 g F • 3 g E

Frühling zum Naschen

Rhabarberkuchen mit Baiser

anspruchsvoll

für ein tiefes Blech – ergibt 24 Stücke

40 Min. + 40 Min. backen

Für den Teig:
- 600 g Rhabarber
- 300 g Erdbeeren (frisch oder TK)
- 70 g Amarettini
- 170 g Halbfettmargarine
- 1 Prise Salz
- 120 g Zucker
- 1 Pck. Vanillinzucker
- 5 Eier
- 375 g Mehl (Type 405)
- 1 Pck. Backpulver

Für den Belag:
- 4 Eiweiße
- 1 Prise Salz
- 80 g Zucker

● Den Backofen auf 175 Grad (Umluft 150 Grad) vorheizen. Den Rhabarber waschen, putzen und in Stücke schneiden. Die Erdbeeren waschen, putzen und halbieren. Die Amarettini zerbröseln. Margarine, Salz, Zucker und Vanillinzucker verrühren, die Eier einzeln unterrühren.

● Mehl, Backpulver und Amarettini-Brösel mischen und unter die Margarine-Ei-Masse rühren. Den Teig auf ein mit Backpapier ausgelegtes tiefes Blech streichen, den Rhabarber und die Erdbeeren darauf verteilen. Im Ofen ca. 20 Min. backen.

● Die Eiweiße mit einer Prise Salz steif schlagen, den Zucker nach und nach einrieseln lassen. Die Baisermasse wellenförmig auf dem Kuchen verteilen und weitere ca. 20 Min. backen.

Nährwerte pro Stück:

2 BE • 155 kcal • 24 g KH • 4 g F • 4 g E

Rund & rot

Bunte Beerentorte

geht schnell

für eine Springform (Ø 26 cm) – ergibt 16 Stücke

30 Min. + 25 Min. backen

Für den Teig:
- 4 Eier
- 100 g Zucker
- 1 Prise Salz
- 75 g Weizenmehl (Type 405)
- 75 g Speisestärke
- 1 Msp. Backpulver

Für den Belag:
- 200 g Fruchtaufstrich Waldbeere
- 500 g Beeren, gemischt
- 1 Pck. Tortenguss, rot
- Süßstoff, flüssig
- 40 g Mandelblättchen

● Den Backofen auf 175 Grad vorheizen (Umluft 150 Grad). Eine Backform mit Backpapier auslegen. Für den Biskuitteig die Eier trennen. Die Eigelbe mit 2 EL lauwarmem Wasser verrühren, 80 g Zucker zugeben und schaumig schlagen. Die Eiweiße mit Salz und 20 g Zucker steif schlagen, auf die Eigelbcreme geben. Mehl, Stärke und Backpulver mischen und darübersieben. Alles vorsichtig vermengen.

● Den Teig 25 Min. in der Form backen. Dann herausnehmen und auskühlen lassen. Den Biskuit waagerecht durchschneiden. Den unteren Boden mit der Hälfte des Fruchtaufstrichs bestreichen, den oberen Boden aufsetzen.

● Die Beeren waschen und verlesen. Die Torte mit dem restlichen Fruchtaufstrich rundherum bestreichen. Die Tortenoberfläche mit den Beeren belegen. Aus Tortenguss und 250 ml Wasser einen Guss (ohne Zucker) zubereiten, mit Süßstoff süßen und die Beeren damit überziehen. Die Mandelblättchen ohne Fett rösten, abkühlen lassen und mit Hilfe einer Teigkarte an den Tortenrand drücken.

Nährwerte pro Stück:

1,8 BE • 130 kcal • 22 g KH • 3 g F • 3 g E

Tipp Der Kuchen gelingt auch mit Xylit anstelle von Zucker. Bitte dann die veränderten Nährwerte (Seite 15) beachten.

Rot krönt weiß

Erdbeertorte

gelingt leicht

für eine Springform (Ø 22 cm) - ergibt 12 Stücke

30 Min. + 120 Min. kühlen

Für den Teig:

- 150 g Butterkekse zuckerreduziert (z. B. von Bahlsen)
- 70 g Halbfettbutter

Für den Belag:

- 4 Blatt Gelatine weiß
- 430 g Magerquark
- 150 g Frischkäse, Doppelrahmstufe
- 70 g Zucker
- 2 TL Limettensaft
- Süßstoff, flüssig
- 150 g Sahnealternative (z. B. Rama Cremefine zum Schlagen)
- 350 g Erdbeeren
- Zitronenmelisse

● Den Backofen auf 190 Grad (Umluft 170 Grad) vorheizen. Kekse in einen großen Gefrierbeutel geben und verschließen. Kekse mit dem Nudelholz zerkleinern und in eine Schüssel füllen. Butter schmelzen, mit den Kekskrümeln vermengen und in eine mit Backpapier ausgelegte Springform zu einem Boden andrücken. Im Ofen 10 Min. backen, auskühlen lassen.

● Die Gelatineblätter in kaltem Wasser einweichen. Quark, Frischkäse und Zucker mit dem Schneebesen verrühren, evtl. mit Süßstoff abschmecken. Die Gelatine leicht ausdrücken, in einem Topf bei schwacher Hitze unter Rühren auflösen, mit 3 EL der Quarkcreme verrühren, zur restlichen Creme geben und zügig unterrühren.

● Sahnealternative steif schlagen und unter die Creme heben. Die Creme in die Springform füllen, glattstreichen und mindestens 2 Stunden in den Kühlschrank stellen. Erdbeeren waschen, halbieren und auf der Tortenmitte verteilen. Mit Melisseblättchen dekorieren.

Nährwerte pro Stück:

1,6 BE • 187 kcal • 19 g KH • 9 g F • 7 g E

SCHNELL & LECKER

Knusperspaß aus England

Apple Crumble

geht schnell

für eine Auflaufform (1 Liter) – ergibt 6 Portionen

⏲ 30 Min. + 30 Min. backen

100 g Halbfettbutter, kalt • 180 g Mehl (Type 405) • 60 g Vollrohrzucker • 1 TL Zimt • 30 g Rosinen • 600 g säuerliche Äpfel • 1 EL Vollrohrzucker • 2 TL Zitronensaft

● Die Butter würfeln, mit Mehl, Zucker und ½ TL Zimt vermengen. Die Masse zu großen Streuseln formen. Kalt stellen.

● Den Backofen auf 200 Grad (Umluft 180 Grad) vorheizen. Die Rosinen heiß waschen, mit Küchenpapier trocken tupfen. Die Äpfel in dünne Scheiben schneiden. Mit braunem Zucker, Zitronensaft, Rosinen und ½ TL Zimt mischen.

● Die Apfelmischung in die Auflaufform geben. Die Streusel darauf verteilen, etwas andrücken. 25–30 Min. backen. Dazu passt Vanillesoße oder Vanilleeis.

Nährwerte:

4 BE • 280 kcal • 49 g KH • 7 g F • 4 g E

Ein Stück vom Glück

Rote-Grütze-Butterkuchen

braucht etwas mehr Zeit

für ein Backblech – ergibt 20 Stücke

90 Min. + 75 Min. ruhen + 25 Min. backen

Für den Teig:

- 500 g Mehl (Type 405)
- 1 Würfel Hefe
- 200 ml Milch (1,5%), lauwarm
- 50 g Zucker
- 1 Pck. Vanillinzucker
- 75 g Halbfettbutter, weich
- 2 Eier
- 1 Prise Salz

Für den Belag:

- 100 ml Kirschsaft
- 200 g Beeren, gemischt
- 1 EL Speisestärke
- 80 g Halbfettbutter
- 30 g Zucker
- 60 g Mandelblättchen

● Mehl in eine Schüssel geben, in die Mitte eine Vertiefung drücken. Hefe zerbröseln, in etwas Milch auflösen und 1 TL Zucker hinzufügen. In die Vertiefung geben, mit etwas Mehl bestäuben. Den Vorteig zugedeckt an einem warmen Ort 15 Min. gehen lassen.

● Den übrigen Zucker, Vanillinzucker, restliche Milch, Butter, Eier und Salz mit dem Hefevorteig zu einem glatten Teig verkneten. 40 Min. zugedeckt gehen lassen, bis sich das Volumen verdoppelt hat.

● Saft aufkochen. Stärke mit 1 EL Wasser verrühren, in den Saft rühren und 1 Min. köcheln lassen. Die Beeren unterheben. Alles einmal aufkochen.

● Ein tiefes Backblech mit Backpapier auslegen. Teig durchkneten, ausrollen, auf das Backblech legen. 20 Min. gehen lassen.

● Kleine Mulden in den Teig drücken. Butter in Stückchen schneiden und hineinsetzen. Rote Grütze auf den Teig klecksen. Mit Zucker und Mandelblättchen bestreuen. Backofen auf 175 Grad (Umluft 150 Grad) vorheizen. Kuchen ca. 25 Min. backen.

Nährwerte pro Stück:

2,0 BE • 170 kcal • 25 g KH • 6 g F • 4 g E

Sauer macht lustig

Limetten-Mandel-Tarte

gelingt leicht

für eine Tarteform (Ø 28 cm) – ergibt 16 Stück

20 Min. + 60 Min. kühlen + 40 Min. backen

Für den Teig:

- 200 g Dinkelmehl (Type 1050)
- ½ TL Backpulver
- 1 Pck. Vanillinzucker
- 40 g Puderzucker
- 1 Prise Salz
- 90 g Halbfettbutter
- 1 Ei

Für die Füllung:

- 2 Bio-Limetten
- 2 Eier
- 100 g Kokosblütenzucker
- 200 g Mandeln, gemahlen
- 150 g saure Sahne
- 100 ml Sahnealternative (z. B. Rama Cremefine, 15% Fett)

● Mehl, Backpulver, Vanillinzucker, Puderzucker und Salz vermischen. Kalte Butterflocken und das Ei dazugeben, zügig zu einem Teig verarbeiten. Circa 1 Std. kalt stellen.

● Ofen auf 190 Grad (Umluft 170 Grad) vorheizen. Den Teig zu einem Kreis ausrollen. Eine gefettete Tarteform damit auskleiden, den Rand hochziehen. Den Teigboden mehrmals mit einer Gabel einstechen und im Ofen (mittlere Einschubleiste) ca. 10 Min. backen.

● Für die Füllung Limetten waschen, Schale fein abreiben, Saft auspressen und beides in eine Schüssel geben. Mit Eiern, Zucker, Mandeln, saurer Sahne und Sahnealternative verrühren. Die Creme auf dem Kuchenboden verteilen.

● Im vorgeheizten Ofen bei 170 Grad (Umluft 150 Grad) weitere 30 Min. backen.

Nährwerte pro Stück:

1,7 BE • 230 kcal • 20 g KH • 13 g F • 6 g E

Tipp Mit Limettenscheiben dekorieren. Schmeckt gut gekühlt auch noch am nächsten Tag herrlich erfrischend.

HMMMbeerig

Himbeer-Grießkuchen

geht schnell

für eine Springform (Ø 26 cm) – ergibt 12 Stück

15 Min. + 75 Min. backen

- 400 g Himbeeren (TK)
- 200 g Tofu, natur
- 800 g Sojajoghurt, Vanille
- 200 g Halbfettmargarine
- 2 EL Zitronensaft
- 140 g Zucker
- 1 Prise Salz
- 140 g Weichweizengrieß
- 2 Pck. Vanillepudding-pulver

Außerdem:

- 100 g frische Himbeeren
- Puderzucker

● Die tiefgekühlten Himbeeren antauen lassen. Tofu abtropfen lassen und in eine große Schüssel bröseln. Joghurt, Margarine, Zitronensaft, Zucker, Salz, Weizengrieß und Puddingpulver dazugeben. Mit einem Pürierstab cremig rühren.

● Ofen auf 190 Grad (Umluft 170 Grad) vorheizen. Springform einfetten. Die Himbeeren unter die Joghurtmasse heben und den Teig in die Springform geben. Im Ofen ca. 75 Min backen.

● Im Ofen auskühlen lassen.

● Zum Servieren mit frischen Himbeeren und Puderzucker garnieren.

Nährwerte pro Stück:

2,9 BE • 265 kcal • 35 g KH • 9 g F • 7 g E

Tipp Der Kuchen gelingt auch wunderbar mit 180 g Erythrit anstelle des Zuckers. Bitte dann die veränderten Nährwerte (Seite 15) beachten.

Herrlich sommerfrisch

Mango-Joghurt-Torte

gelingt leicht

für eine Springform (Ø 26 cm) – ergibt 16 Stücke

30 Min. + 60 Min. kühlen

- 150 g Butterkekse, zuckerreduziert
- 60 g Halbfettbutter, weich
- 250 g Mangomark
- 4 Blatt Gelatine
- 400 g Joghurt (1,5 % Fett)
- Bourbonvanille, gemahlen
- Süßstoff, flüssig
- 100 g Sahnealternative (z. B. Rama Cremefine zum Schlagen)
- Zitronenmelisse

● Kekse in einen großen Gefrierbeutel geben und verschließen. Kekse mit dem Nudelholz zerbröseln und in eine Schüssel füllen.

● Butter schmelzen, mit den Bröseln vermischen und in eine mit Backpapier ausgelegte Springform zu einem Boden andrücken. Dann kalt stellen.

● Die Gelatineblätter in kaltem Wasser einweichen. Joghurt und Mangomark verrühren, mit Vanille und Süßstoff abschmecken. Die Gelatine leicht ausdrücken, in einem Topf bei schwacher Hitze unter Rühren auflösen, mit 3 EL der Joghurtmasse verrühren, zum restlichen Joghurt geben und gut verrühren.

● Die Sahnealternative steif schlagen und unter die Creme heben. Die Creme in die Springform füllen, glatt streichen und für mindestens 2 Std. in den Kühlschrank stellen. Restliches Mangomark mit 1 EL Wasser verrühren und die Torte damit spiralförmig verzieren. Mit Melisseblättchen dekorieren.

Nährwerte pro Stück:

0,9 BE • 75 kcal • 11 g KH • 4 g F • 2 g E

Fruchtig, schokoladig, gut

Birnen-Schoko-Torte

braucht etwas mehr Zeit

für eine Springform (Ø 24 cm) – ergibt 12 Stücke

45 Min. + 45 Min. ruhen + 15 Min. backen + 60 Min. kühlen

Für den Teig:

- 250 g Mehl (Type 405)
- 40 g Zucker
- 125 g Halbfettmargarine
- 1 Prise Salz
- 1 Ei

Für den Belag:

- 600 g Birnen
- 3 EL Zitronensaft
- 250 ml Wasser
- 1 TL Süßstoff, flüssig
- 1 Pck. Tortenguss, klar
- 1 Pck. Mousse-au-Chocolat-Pulver
- 250 ml Milch (1,5 % Fett)
- 30 g Schokoraspel

- Aus Mehl, Zucker, Margarine, Salz und Ei einen glatten Teig kneten. In Folie wickeln und ca. 45 Min. im Kühlschrank ruhen lassen.

- Den Backofen auf 200°C (Umluft 180°C) vorheizen, die Backform mit Backpapier auslegen. Die Birnen in Spalten schneiden. Mit dem Zitronensaft beträufeln.

- Den Teig in die Form drücken und einen kleinen Rand formen. Den Teigboden mehrmals mit einer Gabel einstechen und im Ofen 15 Min. backen.

- Die Birnen im Wasser 5–10 Min. dünsten, mit Süßstoff süßen. Das Obst herausnehmen, abtropfen lassen und den Tortenboden damit belegen. Aus der Kochflüssigkeit (evtl. mit Wasser auffüllen) und dem Tortenguss nach Packungsanleitung (ohne Zucker) einen Guss zubereiten, auf den Birnen verteilen.

- Für die Creme das Mousse-Pulver mit der Milch aufschlagen, auf die Birnen streichen. Die Torte 1 Std. kalt stellen und anschließend mit den Schokoraspeln verzieren.

Nährwerte pro Stück:

2,6 BE • 195 kcal • 31 g KH • 6 g F • 5 g E

Fixer geht's nicht

Schneller Kokos-Bienenstich

gelingt leicht

für ein Backblech – ergibt 24 Stücke

15 Min. + 20 Min. backen

Für den Teig:
- 500 ml Buttermilch
- 4 Eier
- 400 g Mehl (Type 405)
- 150 g Kokosblütenzucker
- 1 TL Süßstoff, flüssig
- 1 Pck. Backpulver

Für den Belag:
- 100 g Kokosraspel
- 40 g Zucker
- 125 g Butter

● Den Backofen auf 175 Grad (Umluft 160 Grad) vorheizen. Ein Backblech mit Backpapier auslegen. Die Buttermilch mit Eiern, Mehl, Zucker, Süßstoff und dem Backpulver zu einem glatten Teig rühren.

● Den Teig gleichmäßig auf dem Backblech verteilen. Kokosraspel und Zucker vermengen und über den Teig streuen. Die Butter in kleinen Flöckchen darauf verteilen. Im Ofen 20 Min. backen.

Nährwerte:

1,8 BE • 165 kcal • 21 g KH • 7 g F • 4 g E

Tipp Besonders lecker ist der Kuchen warm. Dann kommt der Kokosgeschmack noch besser hervor.

Sommer, Sonne, Tarte

Johannisbeertarte

gelingt leicht

für eine Backform (30 cm x 20 cm) – ergibt 12 Stücke

35 Min. + 30 Min. backen

- 1 Pkg. frischer Blätterteig, Kühlregal (270 g, 40 × 24 cm)
- 150 g rote Johannisbeeren
- 3 Eier
- 100 g Zucker
- 500 g Magerquark
- 1 geh. EL Vanille-Puddingpulver

● Den Backofen auf 200 Grad (Umluft 175 Grad) vorheizen. Blätterteig entrollen und mit dem Backpapier in die Form legen. Rand andrücken und überschüssigen Teig abschneiden.

● Teig mit einer Gabel mehrmals einstechen, im vorgeheizten Backofen 8–10 Min. vorbacken. Aus dem Ofen nehmen und leicht abkühlen lassen.

● Johannisbeeren waschen und mit einer Gabel von den Rispen streifen, Eier trennen. Eigelbe mit ⅔ des Zuckers schaumig rühren. Quark und Puddingpulver unterrühren.

● Eiweiß mit dem restlichen Zucker steif schlagen und unter die Quarkmasse heben. Quarkmasse in die Form auf den vorgebackenen Teig streichen und mit den Johannisbeeren belegen. Beeren leicht in den Quark drücken. Im Backofen weitere 20 Min. backen.

Nährwerte pro Stück:

1,6 BE • 180 kcal • 19 g KH • 8 g F • 9 g E

Brot einmal anders

Saftiger Brotkuchen

gelingt leicht

für eine Kastenform (25 cm) – ergibt 20 Stücke

15 Min. + 50 Min. backen

- Fett für die Form
- Semmelbrösel
- 1 Glas Sauerkirschen (350 g Abtropfgewicht)
- 150 g Schwarzbrot (ca. 3 Tage alt)
- 4 Eier
- 60 g Zucker
- 1 TL Zimt
- Puderzucker zum Bestäuben

● Den Backofen auf 180 Grad vorheizen (Umluft 160 Grad). Eine Kastenform einfetten, die Semmelbrösel ausstreuen. Die Kirschen abtropfen lassen. Das Brot sehr fein zerkrümeln.

● Die Eier mit dem Zucker schaumig schlagen. Den Zimt zufügen und die Brotkrümel unterheben. Zwei Drittel der Masse in die Form füllen und die Kirschen darauf verteilen. Das letzte Drittel der Brot-Ei-Masse über die Kirschen geben.

● Den Kuchen im Ofen ca. 50 Min. backen. Aus der Form lösen und mit Puderzucker bestäuben.

Nährwerte pro Stück:

0,8 BE • 60 kcal • 9 g KH • 1 g F • 2 g E

KLEIN & FEIN

Ab in den Picknickkorb

Heidelbeer-Muffins

gelingt leicht

für eine Muffinform – ergibt 12 Törtchen

20 Min. + 25 Min. backen

200 g Heidelbeeren • 250 g Dinkelmehl (Type 630) • 2½ TL Backpulver • ½ TL Natron • 50 g Zucker • 50 g Vollrohrzucker • 1 Prise Salz • 1 Ei • 80 ml Rapsöl • 250 g Joghurt (1,5 % Fett) • 12 Papier-Backförmchen

- Frische Beeren verlesen. Backofen auf 180 Grad (Umluft 160 Grad) vorheizen. Die Papierförmchen in die Vertiefungen der Muffinform setzen. Mehl, Backpulver, Natron, Zucker und Salz mischen.

- Das Ei verquirlen. Öl und Joghurt unterrühren. Die flüssigen Zutaten zur Mehlmischung geben und nur so lange rühren, bis die trockenen Zutaten feucht sind. Heidelbeeren vorsichtig unterheben.

- Den Teig gleichmäßig auf die Mulden verteilen. Im Ofen 20–25 Min. goldbraun backen.

Nährwerte pro Stück:

2,3 BE • 200 kcal • 27 g KH • 8 g F • 4 g E

Heute schon »gegugelt«?

Schoko-Mini-Gugels

geht schnell

für eine 20er-Mini-Gugelhupfform aus Silikon – ergibt 20 Stücke

20 Min. + 20 Min. backen

- 80 g Butter
- 70 g Vollrohrzucker
- 1 Msp. Zimt
- 1 Prise Salz
- 2 Eier
- 2 EL Kakaopulver
- 70 g Mehl (Type 405)
- 30 g Weichweizengrieß
- 2 EL saure Sahne
- Puderzucker

● Backofenrost auf die Arbeitsfläche stellen. Mini-Gugelhupfform zum späteren Befüllen auf den Rost stellen. Backofen auf 180 Grad (Umluft 160 Grad) vorheizen.

● Butter und Zucker cremig rühren. Zimt, Salz und Eier hinzufügen und weiterrühren.

● Kakao in eine Schüssel sieben, mit Mehl und Grieß vermischen. Abwechselnd mit der sauren Sahne zur Buttermischung geben. Alles zu einem glatten Teig verarbeiten.

● Den Teig mit Hilfe von 2 Teelöffeln in die Mini-Gugelhupf-Form füllen und im heißen Ofen 18–20 Min. backen.

● Gebäck in der Form etwas auskühlen lassen. Mini-Gugels aus der Form lösen und erkalten lassen. Nach Wunsch mit Puderzucker bestäuben.

Nährwerte pro Stück:

0,7 BE • 85 kcal • 8 g KH • 4 g F • 2 g E

Tipp Die Mini-Gugels halten sich gut verschlossen in einem Glas oder in einer Dose ca. 1 Woche.

Kleine süße Sünde

Schoko-Tartelettes

gelingt leicht

für 10 Tartelette-Förmchen (ca. Ø 10 cm)

50 Min. + 60 Min. kühlen + 15 Min. backen

Für den Teig:

- 250 g Mehl (Type 405)
- 75 g kalte Butter
- 2 EL Zucker
- 1 Ei
- 1 Prise Salz

Für die Füllung:

- 200 g Zartbitterkuvertüre
- 200 g Sahnealternative (z. B. Rama Cremefine 7 % Fett)
- 3 EL Espresso oder starker Kaffee

● Für den Teig Mehl, Butter in Stückchen, Zucker, Ei und Salz zu einem glatten Teig verkneten. In Folie gewickelt 1 Std. kalt stellen.

● Den Backofen auf 200 Grad (Umluft 175 Grad) vorheizen. Förmchen einfetten. Teig auf einer leicht bemehlten Arbeitsfläche dünn ausrollen. Insgesamt 10 Kreise (à 11–12 cm) ausstechen und die Förmchen damit auslegen, Rand leicht andrücken. Böden mit einer Gabel mehrmals einstechen. Im Ofen ca. 15 Min goldbraun backen. Auskühlen lassen.

● Kuvertüre fein hacken. Sahnealternative in einem Topf erhitzen, vom Herd nehmen und die Kuvertüre darin schmelzen. Etwas abkühlen lassen. Dann den Kaffee zufügen und glatt rühren. Tartelettes aus den Förmchen lösen, mit Schokoladencreme füllen und einige Stunden kalt stellen.

Nährwerte pro Stück:

2,6 BE • 325 kcal • 32 g KH • 19 g F • 4 g E

Tipp Garnieren Sie die Tartelettes vor dem Servieren mit Physalis.

Top in Form

Schoko-Muffins

geht schnell

für eine Muffinform – ergibt 12 Muffins

15 Min. + 25 Min. backen

- 90 g Mehl (Type 1050)
- 100 g Mehl (Type 405)
- 2 TL Backpulver
- ½ TL Natron
- 3 EL Kakaopulver
- 50 g Schokotröpfchen
- 1 Ei
- 80 g Zucker
- 60 ml Pflanzenöl
- 1 Pck. Bourbonvanille-Aroma
- 260 g Buttermilch
- Süßstoff, flüssig
- 12 Papier-Backförmchen

● Den Backofen auf 180 Grad (Umluft 160 Grad) vorheizen. Die Papierförmchen in die Vertiefungen der Muffinform setzen. Mehl, Backpulver, Natron, Kakaopulver und Schokotröpfchen vermischen.

● Das Ei verquirlen. Mit Zucker, Öl, Vanilleextrakt und Buttermilch verrühren, mit Süßstoff abschmecken. Die Mehlmischung zugeben und nur so lange rühren, bis die trockenen Zutaten feucht sind.

● Den Teig in die Vertiefungen füllen. Im Ofen 20–25 Min. backen.

Nährwerte pro Stück:

1,9 BE • 170 kcal • 22 g KH • 7 g F • 4 g E

Für Minimalisten

Mini-Cheesecake-Törtchen

geht schnell

für eine Muffinform – ergibt 12 Törtchen

25 Min. + 20 Min. backen

- 12 Papier-Backförmchen
- 150 g Butterkekse, zuckerreduziert
- 20 g Vollrohrzucker
- 40 g flüssige Butter
- 350 g Frischkäse, Fettstufe (z. B. Philadelphia Balance)
- 2 Eier
- 2 EL Limettensaft
- 50 g Zucker
- Süßstoff, flüssig
- Bourbonvanille, gemahlen
- 300 g Kirschgrütze oder Rote Grütze

● Den Backofen auf 180 Grad (Umluft 160 Grad) vorheizen. Papierförmchen in die Muffinform setzen.

● Kekse in einen Gefrierbeutel geben und mit dem Nudelholz zerkleinern. Die Kekskrümel in eine Schüssel geben, mit flüssiger Butter und Vollrohrzucker vermengen. Keksmasse in die Muffinförmchen verteilen und fest andrücken.

● Frischkäse luftig aufschlagen. Eier, Limettensaft und Zucker nach und nach unterrühren. Mit Süßstoff und gemahlener Vanille abschmecken.

● Die Creme in die Muffinförmchen ca. ¾ hoch einfüllen und im Ofen 18 – 20 Min. backen.

● Die Frischkäsetörtchen fallen beim Auskühlen etwas zusammen. Auf die Mulden die Rote Grütze gleichmäßig verteilen.

Nährwerte pro Stück:

1,8 BE • 185 kcal • 22 g KH • 8 g F • 4 g E

Tipp Der Kuchen gelingt auch wunderbar mit 65 g der Puderzucker-Variante aus Erythrit. Bitte dann die veränderten Nährwerte (Seite 15) beachten.

Gerollt & gefüllt

Ofen-Crêpes

gelingt leicht

für eine Auflaufform (30 cm × 20 cm) – ergibt 10 Crêpes

30 Min. + 15 Min. ruhen + 15 Min. backen

Für den Teig:

- 175 g Mehl (Type 405)
- 4 Eier
- 400 ml Milch (1,5 % Fett)
- 2 EL Honig
- 1 Prise Salz
- Öl für die Pfanne

Für die Füllung:

- 50 g Erdbeeren
- 400 g Speisequark (20 % Fett i. Tr.)
- 1 Pck. Vanillinzucker
- 2 Eigelbe
- 75 g Vollkorn-Müsli-Mischung
- Süßstoff, flüssig

Außerdem:

- Puderzucker zum Bestäuben

Mehl mit Eiern, Milch, Honig und Salz mit dem Handrührgerät verrühren und ca. 15 Min. ruhen lassen. Eine beschichtete Pfanne mit Öl auspinseln und portionsweise 10 dünne Crêpes backen.

Den Backofen auf 180 Grad (Umluft 160 Grad) vorheizen. Die Auflaufform fetten. Die Erdbeeren waschen, putzen und klein schneiden. Quark, Vanillinzucker und Eigelbe cremig verrühren. Die Müsli-Mischung und Erdbeeren unterheben, mit Süßstoff abschmecken. Die Füllung auf den Crêpes verteilen. Die Crêpes über die Füllung klappen und die Enden einschlagen, sodass Pakete entstehen.

Die Crêpes mit der Naht nach unten in die Form legen. Im Ofen ca. 15 Min. backen. Noch warm mit Puderzucker bestäuben.

Nährwerte pro Stück:

2 BE • 200 kcal • 25 g KH • 7 g F • 11 g E

Klein aber oho

Clafoutis

geht schnell

für 8 kleine Förmchen (⌀ 6 cm)

10 Min. + 35 Min. backen

- 1 Glas Schattenmorellen (350 g Abtropfgewicht)
- 4 Pck. Vanillinzucker
- 2 Eier
- 100 g Mehl (Type 1050)
- 100 ml Milch (1,5 % Fett)
- 6 EL Speisequark (20 % Fett i. Tr.)
- Fett für die Förmchen
- Semmelbrösel

● Die Schattenmorellen abtropfen lassen. Den Vanillinzucker mit den Eiern schaumig schlagen. Mehl, Milch und den Quark hinzufügen und zu einem Teig verrühren.

● Die Förmchen ausfetten und mit Semmelbröseln leicht ausstreuen. Den Teig gleichmäßig auf die Förmchen verteilen, die Kirschen daraufgeben und leicht eindrücken.

● Die Förmchen in den kalten Backofen geben und bei ca. 200 Grad (Umluft 180 Grad) etwa 30–35 Min. backen.

Nährwerte pro Stück:
2 BE • 155 kcal • 24 g KH • 3 g F • 7 g E

Tipp Probieren Sie Clafoutis auch einmal mit cremiger Vanillesoße oder einer Kugel Vanilleeis.

Lemon on top

Cupcakes mit Lemon-Frosting

gelingt leicht

für eine Muffinform – ergibt 12 Cupcakes

30 Min. + 20 Min. backen

Für den Teig:

- 12 Papierförmchen
- 2 Eier
- 80 g Zucker
- 115 g Halbfettmargarine
- ½ Pck. Bourbonvanille-Aroma
- 175 g Mehl (Type 405)
- 2 TL Backpulver
- 1 Prise Salz
- 120 ml Milch (1,5 % Fett)

Für das Frosting:

- 60 g weiche Butter
- 250 g gesiebter Puderzucker
- 3 EL Zitronensaft
- ½ TL abgeriebene Zitronenschale (Bio)
- 6 Erdbeeren
- 12 Zitronenmelisse-blättchen

- Den Backofen auf 180 Grad (Umluft 160 Grad) vorheizen. Die Papierförmchen in die Muffinform setzen. Die Eier trennen. Die Eiweiße mit 1 TL Zucker steif schlagen. Margarine und restlichen Zucker mit dem Handrührgerät geschmeidig rühren. Eigelbe und Vanillearoma unterrühren.

- Mehl, Backpulver und Salz vermengen, im Wechsel mit etwas Milch unter die Buttermasse rühren, sodass ein glatter Teig entsteht. Den Eischnee unterziehen. Den Teig in die Förmchen füllen. 18–20 Min. goldbraun backen. Die Cupcakes aus der Form lösen und abkühlen lassen.

- Die Butter, die Hälfte des Puderzuckers, Zitronensaft und -schale mit dem Handrührgerät auf höchster Stufe zu einer glatten Masse verrühren. Nach und nach den restlichen Puderzucker unterrühren.

- Die Erdbeeren halbieren. Das Frosting mit einen Spritzbeutel auf die Cupcakes geben, kalt stellen. Vor dem Servieren mit Erdbeerhälften und Zitronenmelisse dekorieren.

Nährwerte pro Stück:

3,2 BE • 260 kcal • 39 g KH • 9 g F • 4 g E

Gleich aufessen

Marmorwaffeln

gelingt leicht

für ein Waffeleisen – ergibt 8 Waffeln (⌀ 18 cm)

15 Min. + 15 Min. ruhen + 30 Min. backen

- 100 g Halbfettbutter, weich
- 50 g Zucker
- 1 Pck. Vanillinzucker
- 2 Eier
- 200 g Mehl (Type 405)
- ½ TL Backpulver
- 300 ml Milch (1,5 % Fett)
- 2 EL Kakaopulver
- 30 g Schokoraspel
- Öl für das Waffeleisen

● Die Butter mit Zucker und Vanillinzucker schaumig schlagen. Die Eier einzeln dazugeben und unterrühren. Mehl und Backpulver mischen und abwechselnd mit der Milch in die Butter-Ei-Masse rühren. Den Waffelteig 15 Min. quellen lassen. Das Waffeleisen auf mittlerer Stufe vorheizen.

● Den Teig halbieren, unter eine Hälfte Kakaopulver und Schokoraspel rühren. Beide Backflächen des Waffeleisens dünn mit Öl bestreichen. Je 2 EL vom hellen und dunklen Teig auf der unteren Backfläche verteilen und rasch mit einem Löffel ineinanderziehen. Das Waffeleisen schließen und die Waffeln 3–4 Min. goldbraun backen.

Nährwerte pro Stück:
2,5 BE • 220 kcal • 30 g KH • 8 g F • 6 g E

Die Kleinen schmecken auch den Großen

Wiener Buchteln

preiswert

für eine Tarteform (Ø 16 cm) – ergibt 12 Buchteln

35 Min. + 60 Min. ruhen + 20 Min. backen

- 200 g Mehl (Type 405)
- 20 g Hefe
- 100 ml Milch (1,5 % Fett), lauwarm
- 30 g Zucker
- 1 Pck. Vanillinzucker
- 40 g Halbfettmargarine
- 1 Prise Salz
- 3 EL Rapsöl
- 2 EL Puderzucker

● Das Mehl in eine Schüssel geben, in die Mitte eine Vertiefung drücken. Die Hefe in etwas Milch auflösen, 1 TL Zucker hinzufügen und in die Vertiefung geben. Mit etwas Mehl vom Rand bestäuben. Zugedeckt an einem warmen Ort ca. 15 Min. gehen lassen.

● Den übrigen Zucker, die restliche Milch, Vanillinzucker, Halbfettmargarine und Salz mit dem Hefevorteig zu einem glatten Teig verkneten. Weitere 30 Min. zugedeckt gehen lassen, bis sich das Volumen verdoppelt hat.

● Den Backofen auf 200 Grad vorheizen. Den Hefeteig nochmals durchkneten, 12 Bällchen formen, im Öl wenden und in die Tarteform nicht zu dicht nebeneinandersetzen. Die Buchteln nochmals gehen lassen, bis sie sich sichtbar vergrößert haben.

● Im vorgeheizten Backofen 20–25 Min. backen. Die Buchteln aus dem Ofen nehmen, leicht abkühlen lassen, mit Puderzucker bestäuben und lauwarm servieren.

Nährwerte pro Stück:

1,4 BE • 115 kcal • 17 g KH • 4 g F • 2 g E

Ein Stück vom Glück

Brownies light

gelingt leicht

für eine Form (20 × 30 cm) – ergibt 20 Brownies

40 Min. + 30 Min. backen

- 2 Äpfel, säuerlich
- 120 g Vollrohrzucker
- 100 g Walnüsse, gehackt
- 100 g Zartbitter-schokolade
- 100 g Halbfettbutter
- 4 Eier
- 1 Prise Salz
- 120 g Joghurt (1,5 % Fett)
- 200 g Mehl (Type 405)
- 4 EL Kakaopulver
- 2 TL Backpulver

● Die Äpfel schälen, vierteln, entkernen und klein würfeln. 60 g Zucker in einer Pfanne goldbraun karamellisieren. Die Walnüsse und Äpfel dazugeben und 2 Min. unter Rühren karamellisieren, dann beiseitestellen.

● Den Backofen auf 175 Grad (Umluft 160 Grad) vorheizen. Die Backform mit Backpapier auslegen. Die Schokolade in Stücke brechen und zusammen mit der Butter in einer Metallschüssel im Wasserbad schmelzen, dabei gelegentlich umrühren.

● Die Eier mit dem restlichen Zucker aufschlagen. Joghurt und Schokoladen-Butter-Mischung untermengen, Salz zufügen. Mehl, Kakao und Backpulver mischen und darübersieben. Zügig unterrühren. Zum Schluss die Nuss-Apfel-Mischung unterziehen.

● Den Teig gleichmäßig in die Backform geben. Im Backofen etwa 25–30 Min. backen.

Nährwerte pro Stück:

1,3 BE • 155 kcal • 15 g KH • 8 g F • 4 g E

WEIHNACHTLICHES

Im Schokoladenhimmel

Schoko-Zimtsterne

gelingt leicht

für zwei Backbleche – ergibt ca. 60 Sterne

40 Min. + 15 Min. backen

180 g Halbfettmargarine • 70 g Zucker • 220 g Mehl (Type 405) • 1 Prise Salz • 2 TL Zimt • 60 g Zartbitter-Kuvertüre • Mehl zum Ausrollen

- Margarine und Zucker schaumig rühren. Das Mehl mit Salz und Zimt mischen und unterrühren. Den Backofen auf 150 Grad Umluft vorheizen. Den Teig portionsweise auf einer leicht bemehlten Arbeitsfläche ca. 3 mm dick ausrollen und Sterne (ca. 5 cm groß) ausstechen.

- Die Sterne auf zwei mit Backpapier ausgelegte Backbleche legen. Im Ofen 12–15 Min. backen. Anschließend auskühlen lassen. Die Kuvertüre hacken und im Wasserbad schmelzen. Die Sterne mit Schokoladenlinien überziehen.

Nährwerte pro Stück:

0,3 BE • 35 kcal • 4 g KH • 2 g F • 0 • 5 g E

100% Aroma

Gewürzkuchen

gelingt leicht

für eine Springform (Ø 24 cm) – ergibt 12 Stücke

25 Min. + 60 Min. backen

- 50 g Feigen, getrocknet
- 50 g Datteln, getrocknet
- 100 g Margarine
- 50 g Zucker
- 80 g Honig
- 1 TL Orangenschale
- 1 Prise Salz
- 3 Eier
- 300 g Mehl (Type 405)
- 2 TL Backpulver
- 1 TL Zimt
- 1 TL Kardamom, gemahlen
- ½ TL Nelken, gemahlen
- ½ TL Ingwer, gemahlen
- 1 TL Piment, gemahlen
- 3 EL Orangenmarmelade
- 30 g Mandeln, gehackt
- Zimtstangen als Deko

● Den Backofen auf 175 Grad (Umluft 150 Grad) vorheizen. Die Feigen und Datteln fein hacken. Die Margarine mit Zucker, Honig, Orangenschale und Salz schaumig rühren, die Eier einzeln unterrühren. Das Mehl mit Backpulver und den Gewürzen mischen und unter die Margarinemasse rühren. Die gehackten Früchte unterheben.

● Den Teig in eine mit Backpapier ausgelegte Springform füllen. Im Ofen (untere Einschubleiste) ca. 60 Min. backen. Die Marmelade mit etwas Wasser unter Rühren erwärmen und den noch warmen Kuchen damit bestreichen. Mit gehackten Mandeln bestreuen und mit Zimtstangen dekorieren.

Nährwerte pro Stück:

3 BE • 255 kcal • 36 g KH • 10 g F • 5 g E

Tipp Anstelle der Orangenmarmelade können Sie auch Ingwermarmelade verwenden. Das Hacken von Trockenfrüchten ist übrigens einfacher, wenn das Messer etwas angewärmt ist.

Advent, Advent

Lebkuchen

geht schnell

für ein Backblech – ergibt 30 Lebkuchen

25 Min. + 20 Min. backen

- 2 Eier
- 1 Prise Salz
- 100 g Halbfettbutter
- 100 g Honig
- 2 EL Rum
- 3 EL Milch (1,5 % Fett)
- 300 g Weizenvollkornmehl
- 1 TL Zimt
- 3 TL Lebkuchengewürz
- ½ Pck. Backpulver
- 20 g Kakaopulver
- Süßstoff, flüssig
- 100 g Mandelsplitter

● Die Eier trennen. Die Eiweiße mit Salz steif schlagen. Die Butter mit Honig, Eigelben, Rum und Milch schaumig rühren. Das Mehl mit Gewürzen, Backpulver und Kakaopulver mischen. Den Backofen auf 200 Grad (Umluft 180 Grad) vorheizen. Ein Backblech mit Backpapier auslegen.

● Die Mehlgewürzmischung mit dem Butter-Honig-Gemisch verrühren. Den Eischnee unterheben. Den Teig eventuell mit etwas flüssigem Süßstoff abschmecken. Die Masse gleichmäßig auf das Backblech streichen. Mandelsplitter über den Teig streuen.

● Im Ofen ca. 20 Min. backen. Den Lebkuchen in gleichmäßige Rauten schneiden.

Nährwerte pro Stück:

0,7 BE • 85 kcal • 9 g KH • 4 g F • 3 g E

Tipp Als Garnitur feine Linien mit flüssiger Kuvertüre ziehen.

Gesunder Winterspaß

Weihnachtlicher Früchtemix

gelingt leicht

für eine Kastenform (30 cm) – ergibt 20 Stücke

40 Min. + 60 Min. backen

- 250 g Aprikosen, getrocknet
- 100 g Sultaninen
- 100 g Äpfel, getrocknet
- 100 g Feigen, getrocknet
- 120 g Haselnüsse, gehackt
- 50 g Vollrohrzucker
- 1 TL Zimt
- ½ TL Natron
- 250 g Mehl (Type 1050)
- 1½ TL Backpulver
- 2 Eier
- 1 Prise Salz
- 1 Pck. Bourbonvanille-Aroma
- 2 EL Rum
- Fett und Grieß für die Form

● Alle Trockenfrüchte fein hacken. Mit den Haselnüssen, Zucker, Zimt und Natron in einen Topf geben, mit 250 ml Wasser aufgießen. Alles aufkochen und 5 Min. köcheln lassen. Den Backofen auf 180 Grad (Umluft 160 Grad) vorheizen. Die Form ausfetten und mit Grieß ausstreuen.

● Mehl und Backpulver mischen, über die Fruchtmasse sieben und untermengen. Die Eier mit Salz und Vanille-Aroma schaumig schlagen, mit dem Rum unter die Frucht-Mehl-Masse mengen.

● Den Teig in die Form füllen, glatt streichen und im Ofen 60 Min. backen. Den Kuchen vollständig auskühlen lassen, in Folie wickeln und in einer luftdichten Dose mindestens eine Woche reifen lassen.

Nährwerte pro Stück:

2,3 BE • 170 kcal • 27 g KH • 4 g F • 4 g E

Tipp Schmeckt nach einem Monat Reifezeit besonders gut. Zur Dekoration eignen sich Belegkirschen und blanchierte Mandelhälften.

Upside down

Tarte Tatin

preiswert

für eine Tarte-Tatin-Form (Ø 26 cm) – ergibt 16 Stücke

30 Min. + 45 Min. kühlen + 45 Min. backen

Für den Teig:

- 150 g Weizenmehl (Type 1050)
- 2 TL Puderzucker
- 1 Pck. Vanillinzucker
- 1 TL Zimt
- 1 Prise Salz
- 1 Ei
- 80 g Halbfettbutter

Für den Belag:

- 2 kg Äpfel
- 60 g Butter
- 60 g Zucker
- Zimt zum Bestäuben

● Mehl, Puderzucker, Vanillinzucker und Zimt vermengen. Salz, Ei, 5 EL Wasser und Halbfettbutter hinzufügen und zu einem glatten Teig verkneten. Circa 45 Min. kühl stellen.

● Für den Belag die Äpfel schälen, vierteln und entkernen. Die Form mit der Butter einfetten und mit dem Zucker bestreuen. Die Apfelviertel dicht nebeneinander in die Form geben und auf eine Herdplatte stellen. Den Zucker bei mäßiger Hitze karamellisieren lassen.

● Den Teig in Größe der Form ausrollen und auf die Äpfel legen. Die Form in den kalten Backofen schieben und die Tarte bei 200 Grad (Umluft 180 Grad) etwa 45 min. backen.

● Nach dem Backen den Rand der Tarte vorsichtig mit einem Messer lösen. Die Tarte abkühlen lassen und dann aus der Form stürzen. Mit etwas Zimt bestäuben.

Nährwerte pro Stück:

2,1 BE • 165 kcal • 26 g KH • 6 g F • 2 g E

Tipp Anstelle einer Tarte-Tatin-Form kann auch eine ofenfeste Pfanne verwendet werden.

Weißer Backzauber

Vanillekipferl

preiswert

für zwei Backbleche – ergibt 35 Kipferl

15 Min. + 60 Min. kühlen + 12 Min. backen

- 100 g blanchierte Mandeln, gemahlen
- 200 g Mehl (Type 405)
- 1 Prise Salz
- 100 g Halbfettbutter
- 100 g Vanillejoghurt (1,5 % Fett)
- 40 g Puderzucker
- 1 Pck. Bourbonvanille-Zucker

Außerdem:

- Puderzucker
- Bourbonvanille-Zucker

● Die gemahlenen Mandeln mit Mehl und Salz mischen. Halbfettbutter, Vanillejoghurt, Puderzucker und Vanillezucker dazugeben und rasch von Hand zu einem Teig verkneten. 1 Std. kalt stellen.

● Den Backofen auf 160 Grad Umluft vorheizen. Zwei Backbleche mit Backpapier auslegen. Aus dem gekühlten Teig 1 cm dicke Rollen formen. Diese in etwa 5 cm lange Stücke schneiden, zu Halbmonden formen, die an den Enden etwas dünner zulaufen, und mit Abstand auf die Backbleche legen.

● Im Ofen etwa 12 Min. backen. Puderzucker und Vanillezucker vermengen und über die noch heißen Kipferl sieben.

Nährwerte pro Stück:

0,5 BE • 55 kcal • 6 g KH • 3 g F • 1 g E

Alle Jahre wieder

Spekulatiustorte

gelingt leicht

für eine Springform (Ø 26 cm) – ergibt 16 Stücke

35 Min. + 30 Min. backen + 60 Min. kühlen

Für den Teig:

- 100 g Halbfettbutter
- 70 g Zucker
- 1 Pck. Vanillinzucker
- 2 EL Milch (1,5 % Fett)
- 1 Prise Salz
- 3 Eier
- 100 g Mehl (Type 1050)
- 50 g Haselnüsse, gemahlen
- 1 TL Backpulver
- 1 TL Zimt

Für den Belag:

- 80 g Gewürzspekulatius
- 1 TL Zimt
- 250 g Sahnealternative
- Kakaopulver

● Den Backofen auf 180 Grad (Umluft 160 Grad) vorheizen. Die Butter schaumig rühren. Nach und nach Zucker, Vanillinzucker, Milch und Salz unterrühren. Die Eier einzeln unterrühren.

● Das Mehl mit Haselnüssen, Backpulver und Zimt mischen, löffelweise unter die Buttermasse rühren. Den Teig in eine mit Backpapier ausgelegte Form füllen und glatt streichen. 25–30 Min. backen. Den Tortenboden aus der Form lösen und abkühlen lassen.

● Spekulatiuskekse in einen Gefrierbeutel füllen und zerbröseln. Die Sahnealternative steif schlagen, die Brösel mit Zimt mischen und unterheben, evtl. mit Süßstoff süßen. Tortenring um den Tortenboden legen, die Creme auf den Boden streichen und die Torte mind. 1 Std. kalt stellen.

● Mit Kakaopulver einen Stern (Schablone z. B. aus Backpapier) auf die Tortenmitte stäuben, mit Spekulatiusstücken verzieren.

Nährwerte pro Stück:

1,2 BE • 155 kcal • 14 g KH • 10 g F • 3 g E

Tipp Der Teig des Kuchens gelingt auch wunderbar mit Xylit anstelle von Zucker. Bitte dann die veränderten Nährwerte (Seite 15) beachten.

Nicht nur zur Weihnachtszeit

Nougat-Marzipan-Kuchen

gelingt leicht

für eine Kastenform (25 cm) – ergibt 20 Stücke

30 Min. + 50 Min. backen

100 g Marzipanrohmasse • 100 g Nussnougat • 200 g Halbfettbutter • 3 Eier • 3 TL Zimt • 250 g Mehl (Type 405) • 2 TL Backpulver • 4 EL Milch (1,5 % Fett)

- Den Backofen auf 175 Grad (Umluft 150 Grad) vorheizen, eine Backform einfetten. Marzipan fein reiben. Nougat klein schneiden und leicht erwärmen. Die Butter cremig rühren. Nach und nach Eier, Nougat, Marzipan und Zimt unterrühren. Das Mehl mit Backpulver mischen und abwechselnd mit der Milch unter die Buttermasse rühren.

- Teig in die Form füllen und 45–50 Min. backen, evtl. nach 25 Min. mit Alufolie abdecken. Den Kuchen 10 Min. in der Form auskühlen lassen, dann herauslösen.

Nährwerte pro Stück:

1,2 BE • 140 kcal • 14 g KH • 8 g F • 4 g E

Winterliches Backvergnügen

Nussmakronen

geht schnell

für zwei Backbleche – ergibt ca. 45 Makronen

20 Min. + 20 min. backen

150 g Haselnüsse, gemahlen • 150 g Walnüsse, gemahlen • 1 TL Zimt • 1 Pck. Bourbonvanille-Aroma • 4 Eiweiße • 1 Prise Salz • 2 TL Zitronensaft • 80 g Puderzucker

- Nüsse, Zimt und Vanillearoma mischen. Den Backofen auf 160 Grad Umluft vorheizen. Die Backbleche mit Backpapier auslegen.

- Die Eiweiße mit einer Prise Salz steif schlagen. Unter Weiterschlagen den Zitronensaft und Puderzucker hinzugeben, bis die Masse glänzt. Die Nussmischung unterheben. Mit zwei Teelöffeln kleine Häufchen von der Masse abstechen und auf die Backbleche setzen. Circa 20 Min. backen.

Nährwerte pro Stück:

0,2 BE • 50 kcal • 3 g KH • 4 g F • 1 g E

Nussmakronen

Wärmt nicht nur das Herz

Glühweinkuchen

gelingt leicht

für eine Gugelhupfform (Ø 20 cm) – ergibt 20 Stücke

20 Min. + 50 Min. backen

- 2 Eier
- 150 g Halbfettbutter
- 100 g Honig
- 250 g Mehl (Type 405)
- 3 TL Backpulver
- 1 EL Kakaopulver
- 2 TL Zimt
- 100 ml Glühwein
- 150 g Haselnüsse, gemahlen
- Süßstoff, flüssig
- 1 Prise Salz
- 200 g Zartbitterkuvertüre
- Fett und Grieß für die Form
- Mandelblättchen

● Den Backofen auf 180 Grad (Umluft 160 Grad) vorheizen. Die Gugelhupfform dünn einfetten, mit etwas Grieß ausstreuen. Die Eier trennen.

● Für den Teig Butter, Honig und Eigelbe cremig rühren. Das Mehl mit Backpulver, Kakao und Zimt mischen und abwechselnd mit Wein und Nüssen zu der Buttermasse geben. Alles zu einem glatten Teig verarbeiten, mit Süßstoff abschmecken.

● Die Eiweiße mit Salz steif schlagen und vorsichtig unter den Teig heben. Den Teig in die Form füllen. Im Ofen (untere Einschubleiste) ca. 50 Min. backen. Anschließend abkühlen lassen.

● Die Kuvertüre im heißen Wasserbad schmelzen und den Kuchen damit überziehen. Nach Belieben mit Mandelblättchen dekorieren.

Nährwerte pro Stück:

1,6 BE • 200 kcal • 19 g KH • 12 g F • 5 g E

Kernig, knackig

Walnusskuchen

braucht etwas mehr Zeit

für eine Springform (Ø 26 cm) – ergibt 16 Stücke

50 Min. + 45 Min. ruhen + 40 Min. backen

Für den Teig:
- 250 g Mehl (Type 405)
- 1 Msp. Backpulver
- 50 g Zucker
- 1 Prise Salz
- 1 Pck. Vanillinzucker
- 125 g Halbfettbutter
- 1 Ei

Für die Füllung:
- 250 g Walnusskerne
- 50 g Zucker
- 200 ml Kondensmilch (4 % Fett)

Zur Dekoration:
- 16 Walnusskernhälften
- Puderzucker zum Bestäuben

● Aus Mehl, Backpulver, Zucker, Salz, Vanillinzucker, Butter und Ei einen glatten Teig kneten und ca. 45 Min. im Kühlschrank ruhen lassen. Die Walnüsse grob hacken. Den Zucker in einem Topf unter Rühren schmelzen lassen. Wenn er sich gelblich färbt, die Kondensmilch (bis auf 1 EL) zufügen und erhitzen. Die Nüsse unterrühren und abkühlen lassen.

● Den Backofen auf 175 Grad (Umluft 150 Grad) vorheizen. Eine Backform mit Backpapier auslegen. Den Teig in eine etwas größere und eine kleinere Portion teilen. Die größere Teigportion in die Springform drücken und einen Rand hochziehen. Den Tortenboden mehrmals einstechen. Den restlichen Teig zu einer Platte von etwa 26 cm ausrollen.

● Die Nussmasse auf dem Teigboden verteilen. Die Teigdecke darüberlegen und an den Teigrand drücken. Die Teigdecke mehrfach mit einer Gabel einstechen und mit der restlichen Kondensmilch bestreichen. Im Ofen 40 Min. backen. Vor dem Servieren mit Puderzucker bestäuben und mit Walnüssen belegen.

Nährwerte pro Stück:

2,2 BE • 255 kcal • 27 g KH • 14 g F • 5 g E

HERZHAFTES

Leckere Partyhappen

Lachs-Miniquiches

gelingt leicht

für 8 kleine Quicheförmchen (Ø 10 cm)

40 Min. + 30 Min. ruhen + 30 Min. backen

220 g Mehl (Type 1050) • 100 g Halbfettbutter, kalt • 1 Ei • 2–3 EL Milch (1,5 %) • ½ TL Salz • 200 g Lauch • 200 g Räucherlachs, in Scheiben • 2 Eier • 4 EL Crème légère • Pfeffer • Salz • Muskatnuss • Zitronensaft

- Mehl, Butter, Ei, Milch und Salz zu einem geschmeidigen Teig verkneten, 30 Min. kalt stellen.

- Den Lauch putzen und in feine Streifen schneiden. Lachs klein schneiden. Die Förmchen einfetten, den Backofen auf 200 Grad (Umluft 180 Grad) vorheizen. Den Teig in 8 Portionen teilen, jede leicht ausrollen, die Förmchen damit auslegen. Lachs und Lauch darauf verteilen.

- Eier mit Crème légère verrühren und abschmecken. Auf die Förmchen verteilen. 25–30 Min. goldbraun backen.

Nährwerte pro Stück:

1,8 BE • 260 kcal • 21 g KH • 12 g F • 17 g E

Raffiniert kombiniert

Pikante Partybrötchen

preiswert

für zwei Backbleche – ergibt 16 kleine Brötchen

20 Min. + 30 Min. backen

Für den Teig:

- 150 g Magerquark
- 6 EL Rapsöl
- 6 EL Milch (1,5 % Fett)
- 300 g Weizenvollkornmehl
- 1 Pck. Backpulver
- 1 TL Salz

Für die Füllung:

- 100 g Käse, gerieben (z. B. Emmentaler 40 % F.i.Tr.)
- 1 EL Schnittlauch, gehackt
- 4 EL saure Sahne

● Ein Backblech mit Backpapier auslegen. Den Quark mit Öl und Milch glatt rühren. Das Mehl mit dem Backpulver und dem Salz mischen, zu dem Quarkgemisch geben und alles zu einem geschmeidigen Teig verkneten. Aus dem Teig ca. 16 gleich große Kugeln formen und auf das Backblech setzen.

● Den Backofen auf 160 Grad Umluft vorheizen. Den geriebenen Käse mit Schnittlauch und der sauren Sahne vermengen. Die Brötchen kreuzweise einschneiden und vorsichtig mit jeweils einem Teelöffel der Käsemasse füllen. Im Ofen ca. 30 Min. backen.

Nährwerte pro Stück:

1 BE • 120 kcal • 12 g KH • 6 g F • 5 g E

Kräuter treffen Oliven

Brioches à la Provence

gelingt leicht

für 12 Brioche-Förmchen

15 Min. + 70 Min. ruhen + 25 Min. backen

- 80 g schwarze Oliven, ohne Stein
- 200 g Dinkelmehl (Type 1050)
- 200 g Weizenmehl (Type 405)
- 1 Pck. Trockenhefe
- 1 EL Rohrzucker
- 1 TL Salz
- 1–2 EL Kräuter der Provence
- 150 ml Wasser, lauwarm
- 100 ml Olivenöl

● Oliven fein hacken. Mehl in eine Schüssel geben. Mit Hefe, Zucker, Salz und Kräutern mischen. Lauwarmes Wasser unter Kneten hinzufügen. Olivenöl und gehackte Oliven hinzufügen, weiterkneten, bis der Teig elastisch ist.

● Teig mit einem Tuch abdecken und an einem warmen Ort ca. 40 Min. gehen lassen. Brioche-Förmchen einfetten.

● Den Teig auf einer bemehlten Arbeitsfläche erneut durchkneten und zu einer Rolle formen. In 12 gleich große Stücke teilen. Jede Portion zu einer Kugel formen und in ein Brioche-Förmchen setzen.

● Ofen auf 180 Grad (Umluft 160 Grad) vorheizen. Brioches abermals mit einem Tuch abdecken und 30 Min. gehen lassen.

● Brioches im vorgeheizten Ofen 25 Min. backen. Aus den Förmchen nehmen und auf einem Gitterrost abkühlen lassen.

Nährwerte pro Stück:

1,1 BE • 210 kcal • 24 g KH • 10 g F • 4 g E

Tipp Anstelle von Brioche-Förmchen kann auch eine Muffinform verwendet werden oder man kann den Teig – als Brötchen geformt – direkt auf einem mit Backpapier ausgelegten Backblech backen.

Mediterran inspiriert

Olivenschnecken

braucht etwas mehr Zeit

für ein Backblech – ergibt 20 Schnecken

45 Min. + 60 Min. ruhen + 30 Min. backen

Für den Teig:

- 350 g Mehl (Type 405)
- 150 g Roggenmehl (Type 1150)
- 1 Würfel Hefe
- ⅛ l Wasser, lauwarm
- 1 Prise Zucker
- 1 TL Salz
- 375 ml Buttermilch

Für die Füllung:

- 1 Bund Basilikum
- 1 Knoblauchzehe
- 100 g Schafskäse
- 40 g schwarze Oliven, entsteint
- 40 g grüne Oliven, entsteint
- 100 g Magerquark
- 2 Eier

● Die Mehle mischen, in eine Schüssel geben und in die Mitte eine Vertiefung drücken. Die Hefe in etwas lauwarmem Wasser auflösen, den Zucker hinzufügen und in die Vertiefung geben. Mit Mehl bestäuben. Zugedeckt an einem warmen Ort 15 Min. gehen lassen. Mit Salz und Buttermilch zu einem glatten Teig verkneten. 30 Min. zugedeckt gehen lassen, bis sich das Volumen verdoppelt hat.

● Basilikum und Knoblauch fein hacken. Schafskäse und Oliven fein würfeln. Mit Quark, 1 Ei, Basilikum und Knoblauch verrühren.

● Den Backofen auf 200 Grad (Umluft 180 Grad) vorheizen. Den Teig auf einer leicht bemehlten Arbeitsfläche ausrollen. Die Füllung aufstreichen. Den Teig von der langen Seite her dicht aufrollen, in 20 Scheiben schneiden, auf ein mit Backpapier belegtes Backblech geben und leicht flach drücken.

● Das zweite Ei verquirlen, die Schnecken damit bestreichen und zugedeckt 15 Min. gehen lassen. 25–30 Min. backen.

Nährwerte pro Stück:

1,6 BE • 125 kcal • 19 g KH • 9 g F • 6 g E

Jetzt wird gezupft

Zupfbrot mit Zwiebeln

braucht etwas mehr Zeit

für eine Kastenform (28 cm) – ergibt 15 Stücke

50 Min. + 140 Min. ruhen + 45 Min. backen

Für den Teig:

- 300 g Dinkelmehl (Type 630)
- 200 g Weizenvollkornmehl
- 1 TL Salz
- 30 g Hefe
- 90 g Halbfettbutter (zimmerwarm)
- 275 ml Buttermilch
- 15 g Dinkelmehl (Type 630) zum Ausrollen

Für die Füllung:

- 300 g rote Zwiebeln
- 2 EL Pflanzenöl
- 4 EL Petersilie, gehackt
- Salz
- Pfeffer
- 4 EL mittelscharfer Senf
- 80 g Gouda mittelalt, grob gerieben

- Mehle und Salz in eine Schüssel geben. Hefe hineinbröseln und untermischen. Butter und Buttermilch hinzufügen. Mit dem Handrührgerät verkneten. Teig zugedeckt an einem warmen Ort gehen lassen, bis sich das Volumen vergrößert hat (ca. 90 Min.).

- Die Zwiebeln in dünne Scheiben schneiden und im Öl anbraten. Mit Salz und Pfeffer würzen, Petersilie unterrühren. Teig mit 1 EL Mehl bestäuben, nochmals durchkneten und zu einem Rechteck (ca. 30 × 50 cm) ausrollen. Dann in 10 × 10 cm große Quadrate schneiden und mit Senf bestreichen. Zwiebelmasse und Käse auf den Quadraten verteilen.

- Immer je 4–5 Teigquadrate aufeinanderschichten und aufrecht in die mit Backpapier ausgekleidete Backform setzen. Die letzte Scheibe umdrehen, damit die Füllung nicht am Rand ist. Alles zugedeckt an einem warmen Ort 50 Min. gehen lassen. Den Backofen auf 180 Grad (Umluft 160 Grad) vorheizen. Das Zupfbrot 45 Min. goldbraun backen.

Nährwerte pro Stück:

2,2 BE • 190 kcal • 26 g KH • 6 g F • 7 g E

Muss man einfach mögen

Kürbistarte

gelingt leicht

für eine Tarteform (Ø 28 cm) – ergibt 16 Stücke

40 Min. + 30 Min. ruhen + 45 Min. backen

Für den Teig:

- 220 g Mehl (Type 405)
- 1 TL Backpulver
- 125 g Halbfettmargarine
- 1 Ei
- 1 Prise Salz

Für den Belag:

- 1 Hokkaido Kürbis
- 40 g Sonnenblumen- oder Pinienkerne
- 50 g geschälte Kürbiskerne
- 200 g Sahnealternative (z. B. Rama Cremefine, 15 % Fett)
- 3 Eier
- 3 TL Speisestärke
- Pfeffer, Salz
- Muskatnuss

● Das Mehl mit Backpulver mischen, mit Margarine, Ei und Salz verkneten. Den Teig 30 Min. im Kühlschrank ruhen lassen.

● Den Kürbis in Spalten schneiden, das Fruchtfleisch von der Schale lösen, die Kerne entfernen und 500 g vom Fruchtfleisch abwiegen. Das Kürbisfleisch klein würfeln, mit Pinien- und Kürbiskernen vermengen.

● Den Backofen auf 200 Grad (Umluft 180 Grad) vorheizen. Den Teig ausrollen, die mit Backpapier ausgelegte Tarteform damit auskleiden und den Boden mehrmals einstechen. Die Kürbismasse darauf verteilen.

● Für den Guss die Sahnealternative mit den Eiern und der Stärke verrühren, kräftig abschmecken und über den Belag gießen. Im Ofen 40–45 Min. backen.

Nährwerte pro Stück:

1,1 BE • 165 kcal • 13 g KH • 10 g F • 5 g E

Italienisches Snacking

Rote-Bete-Pizza

gelingt leicht

für ein Backblech – ergibt 12 Stücke

45 Min. + 75 Min. ruhen + 25 Min. backen

- 500 g Dinkelmehl (Type 1050)
- 1 TL Salz
- 1 TL Zucker
- 20 g frische Hefe
- 250 ml lauwarmes Wasser
- 9 EL Olivenöl
- 250 g vorgegarte Rote Bete (vakuumverpackt)
- 150 g Ziegenfrischkäse
- 2 EL Schlagsahne
- 2 EL flüssiger Honig
- 15 g Pinienkerne
- 3 EL frischer Thymian
- grobes Meersalz

● Mehl mit Salz mischen. Hefe zerbröseln und in lauwarmem Wasser auflösen, Zucker hinzufügen. 4 EL Öl und Hefewasser zum Mehl geben und zu einem glatten Teig verkneten. 40 Min. zugedeckt gehen lassen, bis sich das Volumen verdoppelt hat.

● Ein tiefes Backblech mit Backpapier auslegen. Teig auf einer bemehlten Arbeitsfläche durchkneten, in Backblechgröße ausrollen und auf das Backblech legen. Teig zugedeckt weitere 30 Min. gehen lassen.

● Rote Bete in dünne Scheiben schneiden. Ziegenkäse zerkleinern, mit Sahne und Honig verrühren. Backofen auf 200 Grad (Umluft 175 Grad) vorheizen.

● In den Hefeteig kleine Mulden drücken, mit restlichem Olivenöl beträufeln. Rote Bete darauf verteilen. Frischkäsecreme mit einem Teelöffel auf den Teig klecksen. Alles mit Pinienkernen und Thymian bestreuen. Den Fladen im heißen Ofen ca. 25 Min. backen. Nach Belieben mit Meersalz bestreuen.

Nährwerte pro Stück:

3,0 BE • 280 kcal • 35g KH • 10 g F • 6 g E

Tolles Partymitbringsel

Käse-Kräuter-Muffins

geht schnell

für eine Muffinform – ergibt 12 Muffins

10 Min. + 20 Min. backen

- 250 g Dinkelmehl (Type 630)
- 3 TL Backpulver
- 1 Pck. gemischte Kräuter (TK, gehackt)
- 100 g Parmesan, fein gerieben
- 1 Ei
- 250 ml Buttermilch
- 1 EL Rapsöl
- Salz
- Pfeffer
- Papierförmchen

● Den Backofen auf 200 Grad (Umluft 180 Grad) vorheizen. Die Papierförmchen in die Muffinform setzen.

● Das Mehl mit Backpulver, Kräutern und Parmesan mischen. Das Ei mit der Buttermilch schaumig schlagen. Das Öl hinzufügen und die Mehlmischung löffelweise dazurühren. Mit Salz und Pfeffer abschmecken.

● Den Teig gleichmäßig in die Muffinform verteilen. Im Ofen ca. 20 Min. backen.

Nährwerte pro Stück:

1,3 BE • 130 kcal • 16 g KH • 4 g F • 6 g E

Tipp Anstelle des Parmesans schmecken auch 200 g cremiger Ricotta.

Herzhafter Klassiker

Flammkuchen

gelingt leicht

für ein Backblech – ergibt 6 Stücke

15 Min. + 60 Min. ruhen + 15 Min. backen

Für den Teig:

- 10 g frische Hefe
- 3 EL Milch (1,5 % Fett)
- 150 g Weizenmehl (Type 405)
- 3 EL Weißwein, trocken
- 1 Prise Salz

Für den Belag:

- 1 große Zwiebel
- 100 g Frischkäse (Fettstufe) (z. B. Philadelphia Balance)
- 100 g saure Sahne
- 100 g Hüttenkäse
- Salz
- Pfeffer
- Muskat gemahlen
- 50 g geräucherter Schinkenspeck, in feinen Streifen

● Die Hefe zerbröseln. In 3 EL Wasser und mit der Milch verrühren. Mehl, Weißwein und Salz hinzufügen und zu einem Teig kneten. Mit einem Tuch abdecken und 30 Min. ruhen lassen.

● Den Backofen auf 200 Grad vorheizen (Umluft 180 Grad). Ein Backblech mit Backpapier auslegen. Die Zwiebel in dünne Streifen schneiden. Frischkäse, saure Sahne und Hüttenkäse vermischen. Mit Salz, Pfeffer und Muskat abschmecken.

● Den Teig dünn ausrollen, auf das Backblech legen und die Frischkäsemasse darauf verteilen. Zwiebeln und Speck daraufstreuen. Im heißen Ofen (untere Einschubleiste) ca. 15 Min. backen, bis der Teig knusprig ist. Den Flammkuchen in 6 Stücke teilen und warm servieren.

Nährwerte pro Stück:

1,7 BE • 170 kcal • 20 g KH • 6 g F • 9 g E

Buon appetito!

Focaccia

gelingt leicht

für zwei Backbleche – ergibt 6 kleine Fladen

15 Min. + 60 Min. ruhen + 20 Min. backen

- 400 g Mehl (Type 405)
- 1 TL Salz
- 20 g Hefe
- 6 EL Olivenöl
- 50 g Oliven, ohne Kern
- 1 EL gehackte Rosmarinnadeln
- 20 g Pinienkerne, grob gehackt
- grobes Meersalz zum Bestreuen

● Das Mehl mit dem Salz vermischen. Die Hefe zerbröseln und mit Wasser verrühren. Mit 4 EL Öl zum Mehl geben und zu einem glatten Teig verkneten. Den Teig abgedeckt an einem warmen Ort etwa 1 Std. gehen lassen, bis er sein Volumen verdoppelt hat.

● Den Backofen auf 200 Grad Umluft vorheizen. Backbleche mit Backpapier auslegen. Die Oliven in feine Ringe schneiden. Rosmarin, Pinienkerne und Oliven unter den Teig kneten.

● Den Teig in sechs Teile teilen, auf einer bemehlten Arbeitsfläche zu kleinen Fladen ausrollen. Auf die Backbleche legen und kleine Mulden in die Oberfläche drücken. Mit restlichem Olivenöl beträufeln und nochmals 10 Min. gehen lassen.

● Nach Belieben mit Meersalz bestreuen. Die Fladen im Ofen 20 Min. backen.

Nährwerte pro Stück:

4 BE • 345 kcal • 48 g KH • 13 g F • 8 g E

Einfach und pikant

Spinat-Käse-Taschen

gelingt leicht

für zwei Backbleche – ergibt 10 Taschen

40 Min. + 25 Min. backen

Für den Teig:

- 300 g Mehl (Type 405)
- 1 Pck. Backpulver
- 150 g Magerquark
- 5 EL Milch (1,5 % Fett)
- 60 g Butter, weich
- ½ TL Salz

Für die Füllung:

- 1 kleine Zwiebel
- 1 EL Rapsöl
- 400 g Spinat, gehackt (TK)
- 150 g Schafskäse, 45 % F. i. Tr.
- Salz
- Pfeffer
- 1 Ei
- 3 EL Sesamsamen

● Mehl und Backpulver mischen. Quark, Milch, Butter und Salz hinzufügen und zu einem glatten Teig verkneten. Die Zwiebel schälen und in Würfel schneiden. Die Zwiebelwürfel im Öl glasig anbraten. Den Spinat zufügen und 5 Min. dünsten. Den Schafskäse zerbröseln und unter den Spinat mischen. Mit Salz und Pfeffer würzen.

● Den Backofen auf 175 Grad Umluft vorheizen. Den Teig durchkneten und in 10 Portionen teilen. Jede Portion auf einer leicht bemehlten Arbeitsfläche zu einem Kreis ausrollen (Ø 15 cm). Die Spinat-Käse-Mischung jeweils in die Mitte der Kreise geben.

● Das Ei trennen, die Teigränder mit Eiweiß bestreichen. Den Teig zusammenklappen, die Ränder festdrücken.

● Die Teigtaschen auf die mit Backpapier ausgelegten Backbleche setzen, das Eigelb verquirlen und die Täschchen damit bestreichen. Mit Sesam bestreuen. Im Ofen 20–25 Min. goldbraun backen.

Nährwerte pro Stück:

2 BE • 220 kcal • 24 g KH • 9 g F • 10 g E

Rezeptverzeichnis

Sachverzeichnis

Bibliografische Information der Deutschen Nationalbibliothek
Die Deutsche Nationalbibliothek verzeichnet diese Publikation in der Deutschen Nationalbibliografie; detaillierte bibliografische Daten sind im Internet über http://dnb.d-nb.de abrufbar.

Programmplanung: Uta Spieldiener
Projektmanagement: Anja Bippus
Redaktion: Anne Beck
Bildredaktion: Christoph Frick, Caroline Merdian
Covergestaltung: © Thieme
Layout: CYCLUS Visuelle Kommunikation, Stuttgart

Bildnachweis
Covermotiv und Bild S. 3:
© dolphy_tv/stock.adobe.com
Alle Rezeptfotos: Meike Bergmann, Berlin
Autorenfoto: T. Busse

4. Auflage 2023

TRIAS Verlag in Georg Thieme Verlag KG
Rüdigerstraße 14, 70469 Stuttgart, Germany
www.trias-verlag.de

Printed in Germany

Satz: Reemers Publishing Services GmbH, Krefeld
Druck: AZ Druck und Datentechnik GmbH, Kempten

Gedruckt auf chlorfrei gebleichtem Papier

ISBN 978-3-432-11716-4

Auch erhältlich als E-Book:
eISBN (ePub) 978-3-432-11717-1

1 2 3 4 5 6

Wichtiger Hinweis: Wie jede Wissenschaft ist die Medizin ständigen Entwicklungen unterworfen. Forschung und klinische Erfahrung erweitern unsere Erkenntnisse. Ganz besonders gilt das für die Behandlung und die medikamentöse Therapie. Bei allen in diesem Werk erwähnten Dosierungen oder Applikationen, bei Rezepten und Übungsanleitungen, bei Empfehlungen und Tipps dürfen Sie darauf vertrauen: Autoren, Herausgeber und Verlag haben große Sorgfalt darauf verwandt, dass diese Angaben dem Wissensstand bei Fertigstellung des Werkes entsprechen. Rezepte werden gekocht und ausprobiert. Übungen und Übungsreihen haben sich in der Praxis erfolgreich bewährt.

Eine Garantie kann jedoch nicht übernommen werden. Eine Haftung des Autors, des Verlags oder seiner Beauftragten für Personen-, Sach- oder Vermögensschäden ist ausgeschlossen.

Geschützte Warennamen (Warenzeichen) werden nicht besonders kenntlich gemacht. Aus dem Fehlen eines solchen Hinweises kann also nicht geschlossen werden, dass es sich um einen freien Warennamen handelt.

Wo datenschutzrechtlich erforderlich, wurden die Namen und weitere Daten von Personen redaktionell verändert (Tarnnamen). Dies ist grundsätzlich der Fall bei Patienten, ihren Angehörigen und Freunden, z.T. auch bei weiteren Personen, die z.B. in die Behandlung von Patienten eingebunden sind.

TRIAS, einer der führenden Ratgeberverlage im Bereich Gesundheit, gehört zur Thieme Gruppe, marktführender Anbieter medizinischer Fachinformationen und Services. Anspruch der Thieme Gruppe ist es, den im Gesundheitswesen tätigen Berufsgruppen sowie allen an Gesundheit Interessierten genau die Informationen und Angebote bereitzustellen, die sie in einer bestimmten Arbeitssituation oder Lebensphase benötigen. Durch die hohe Qualität und zielgruppenspezifische Relevanz der angebotenen Leistungen bereitet Thieme den Weg für eine bessere Medizin und mehr Gesundheit im Leben.

Thieme